이야기로 보는

중국
기예

이야기로 보는
중국 기예

무대 위와 손끝에서 피어나는
중국의 문화예술

이민숙
송진영
이윤희 외
지음

| 서문 |

전통 예술에서 찾아낸 보석 같은 이야기들

중국은 가히 기예의 나라라고 할 수 있다. '기예技藝'의 사전적 의미는 '기술과 예술을 아울러 이르는 말'이니, 중국의 기예란 예술적 경지에 특별한 고난도 기술과 기교를 더해 탄생된 문화적 산물을 일컫는 것이라고 할 수 있다. 서양의 명화와 오페라처럼 오늘날 우리가 주변에서 자주 접하는 예술품이나 무대 예술이 다다른 경지와는 조금 다르게, 중국의 기예라 칭해지는 문화의 산물들은 '와, 신기하다. 어떻게 저렇게 만들고 표현하지?' 하는 감탄을 유발하는 성분을 갖고 있다. 이 책에 실린 열여섯 편의 글은 그 성분의 기원과 유래, 속뜻과 특징을 탐색하자는 의도에서 기획되었다. 중국의 기나긴 역사와 두터운 문화적 축적 속에서 어떻게 이 성분들이 기예라는 결정체로 탄생될 수 있었는지, 그 미지의 이야기를 풀어보기 위해 열여섯 명의 중국 문학 연구자가 여기 함께 힘을 모았다.

이 책은 경극, 변검, 서커스 등 한국인에게 비교적 익숙한 장르부터 피영희, 구기, 실경공연, 포대희, 연화, 전지, 면소 등 낯선 기예까지, 공연 예술부터 공예 예술 영역에 이르기까지 중국의 대표적 기예로 꼽히는 문화유산에 얽힌 이야기를 풀어냈다. 그중 피영희와 사자춤, 그리고 전지는 유네스코 인류무형문화유산으로 등재되어 있고 경극, 변검, 서커스, 구기, 탄사, 연화, 면소, 직금 등은 중국 국가급 비물질문화유산으로 지정되어 있다. 이 책의 차례를 따라 하나씩 읽어 내려가다 보면 중국이 보유한 무형문화유산의 큰 줄기를 파악할 수 있을 뿐만 아니라 세계가 공인한 무형문화유산까지도 감상할 수 있게 되는 셈이다.

기예 이야기와 연관된 역사의 시간대는 아득히 먼 신석기시대부터 지금의 21세기에 이르기까지 광폭의 시간을 넘나들고 있다. 여기서 우리는 여러 기예가 다만 과거의 문화유산으로 박제되어 있지 않고 오늘날 계속해서 재생산되고 있다는 점에 주목하게 된다. 전지와 타이완의 포대희는 물론이거니와 뉴미디어를 활용한 공연 예술 「웨둥둔황」, 여전히 대중의 큰 사랑을 받는 직금, 청화백자, 옥기 공예에 이르기까지 중국인에게 이들 기예는 여전히 살아 움직이는 문화 전통이다. 그러므로 기예 이야기는 오늘날의 중국인과 중국 문화를 이해하는 방편이 될 수 있다.

기예라는 문화유산에서 또 한 가지 주목할 점은 이들이 '민간'에서 흥성했고 훌륭하게 전승되어 오늘날에 이르렀다는 것이다. 변검을 공연하는 이름 없는 예인, 경극 기술을 훈련하는 배우, 서커스의 몸동작을 끊임없이 연마하는 단원, 구기의 기술을 익히는 배우, 전지를 오리며 희로애락을 풀어내는 아낙네, 직금에 회문시를 짜 넣는 여인, 수없이 고령토와 안료를 배합하며 불과의 사투를 반복하는 도공, 부재료가 닳아 없어지도록 옥기를 연마하는 옥공에 이르기까지 이들은 모두 무명의 백성일 뿐이었다. 묵묵히 기예를 닦은 이들이 있었기에 오늘날 우리는 그 빛나는 결정체를 향유할 수 있는 것이 아닐까?

기예 이야기 곳곳에 등장하는 또 하나의 특징은 서로 다른 지역, 문화,

민족 간 이동과 교류가 기예의 발전을 추동하는 데 중요한 역할을 했다는 것이다. 대륙에서 섬으로 건너가 꽃을 피운 포대희, 서역의 맹수가 중국에 들어와 상징화된 무용으로 탄생한 사자춤, 이역의 밀이 중국 북방의 식재료로 자리 잡아 만들어진 면소, 페르시아의 안료가 백자와 결합해 피어난 청화백자, 미얀마의 비취가 중국에 들어와 꽃피운 옥기 공예 등 이질적 문화의 자극과 수용으로 인류 문화가 발전해온 법칙은 예외 없이 기예에도 적용되었다. 창조적인 문화는 항상 이질적인 것들의 융합이나 교류 속에서 탄생하고 있음을 확인할 수 있었다. 우리가 이역의 문화에 시선을 던지고 관찰하고 감응하며 서로 간의 교류를 이어나가야 할 이유가 여기에 있다고 하겠다.

   어려운 시기에 책의 출간을 선뜻 맡아주신 '소소의책'에 진심으로 감사드리며, 이 책이 한·중 양국 간의 상호 이해를 넓히고 풍요로운 문화 교류의 디딤돌이 되기를 소망해본다.

2025년 여름
저자 일동

서문 _ 005

01 · 삼라만상을 무대 위에 펼쳐라 _ 013
경극 | 홍영림

02 · 찰나의 기예 _ 027
변검 | 박계화

03 · 하늘에서 펼쳐지는 예술 _ 042
공중서커스 | 정민경

04 · 빛과 그림자, 그림자에서 빛으로 _ 056
그림자극 피영희 | 김명신

05 · 얼굴 없는 배우의 천의 목소리 _ 067
구기 | 이민숙

06 · 강남의 선율에 취하다 _ 080
탄사 | 김지선

07 · 역동적 몸짓에 담긴 소망과 기원 _ 091
사자춤 | 장미경

08 · 천하비경을 무대 삼은 뮤지컬 _ 104
실경공연 | 안영은

09 · 뉴미디어와 전통문화의 만남 _ 116
공연「웨둥둔황」| 송정화

10 · 손안의 작은 우주, 그 무한한 이야기 _ 127
타이완의 포대희 | 전주현

11 · 한 장의 그림에 담긴 천년의 축복 _ 141
연화 | 이현서

12 · 소망을 담은 1만 컷의 향연 _ 153
전지 | 고진아

13 · 손끝에서 이어온 전통, 맛과 색의 미학 _ 163
면소 | 이연희

14 · 혼과 인내로 기나긴 시간을 짜내다 _ 174
직금 | 이주해

15 · 세상을 매혹시킨 블루앤화이트 _ 184
청화백자 | 송진영

16 · 옥저룡에서 취옥배추까지, 신묘한 보석 _ 202
옥기 | 이윤희

● 일러두기
1. 이 책의 표기는 원칙적으로 외래어표기법을 따랐습니다.
2. 중국 인명의 경우 고대의 인물은 우리말 한자음으로, 근·현대의 인물은 중국어 발음으로 표기했습니다.
3. 중국 지명의 경우 성, 도시 등 지역명은 각각의 내용에 따라 근대 이전은 우리말 한자음으로, 근대 이후는 중국어 발음으로 표기하고 지역 내 장소는 중국어 발음과 우리말 한자음 중에서 익숙한 것으로 표기했습니다.

공연예술

삼라만상을 무대 위에 펼쳐라

경극

홍영림

경극은 18세기 후반 청나라 수도이며 황실이 자리한 베이징의 정치·경제·문화적 이점 덕분에 화려하게 탄생했다. 18세기 후반 황실에는 연이어 생일잔치가 벌어졌다. 이를 축하하기 위해 전국에서 각종 진상품과 사람들이 베이징으로 몰려들었고, 그 덕에 베이징은 엄청난 규모의 연극 시장이 형성되었다. 전국 각지의 극단, 특히 안후이安徽 지역에서 꾸려져 활동하던 극단들이 베이징에 진출하여 인기를 얻게 되었고, 이들이 다시 장시江西, 산시山西, 산시陝西, 후베이湖北 등 타 지역에서 온 극단의 배우들을 영입하면서 극단 안에서는 그야말로 여러 지방의 전통극이 모여 화학작용이 일어났다. 여러 지역의 노랫가락과 발음 등을 정리하고 체계를 잡고 경극 고유의 레퍼토리도 갖춤으로써 오늘날의 경극이 형성되었다. 경극은 배우의 노래, 대사, 춤, 동작 등으로 이루어진다. 전통을 전면 부정했던 문화대혁명 기간에 배우가 목숨을 잃는 등 수모를 겪기도 했지만, 경극은 현재까지 수도 베이징은 물론 중국을 대표하는 전통극이다.

역사가 오래되었다고 해서 경극이 고리타분하다고 생각하면 잘못이다. 현대 사회에서 경극은 과거에 머물러 있지 않다. 경극인들은 경극의 정수를 계승하면서 현대 사회에 걸맞은 레퍼토리를 끊임없이 발굴하고, 서양의 작품을 경극으로 바꾸어 공연하기도 한다. 또한 서양 연극은 경극의 다양한 기법을 끊임없이 가져다 쓴다.

배우의 연기만으로 무대의 시공간이 바뀌다

무대는 텅 비어 있다. 혹은 있더라도 보통 탁자 하나, 의자 두 개를 넘지 않는다. 탁자와 의자는 극중에서 물건을 올려놓거나 배우가 앉기도 한다. 하지만 그 위를 배우가 오르내리면 언덕이 되고, 담장이 되고, 건물이 된다. 경극은 연극임을 감추지 않는다. 연극임을 감출 필요가 없으니 사실감을 주기 위한 무대 배경이 필요 없다. 탁자 위에서 뛰어내리는 동작만으로 높은 산 하나를 넘었음을 표현할 수 있다. '해가 저물었구나'라고 말만 하면 무대 위가 낮에서 밤이 된다. 경극 무대는 배우가 등장하여 동작과 말로 연기를 하면 무대의 시공간이, 풍경이 바뀐다.

경극의 대표 작품 「천궁에서의 대소란 大鬧天宮」(이하 「대소란」), 「삼거리 갈림길 三岔口」(이하 「삼거리」), 「백사전 白蛇傳」을 연이어 공연한다고 가정해보자. 「대소란」은 『서유기』 중 가장 유명한 대목이다. 손오공이 곤륜산 서왕모의 복숭아밭에서 복숭아를 몰래 서리해서 먹고 술에 취해 소란을 피우자, 천계의 병사 10만 명이 손오공을 잡으러 출동하여 전투를 벌이는 내용이다. 무대는 텅 비어 있는데, 꿩 깃털을 단 관을 쓴 손오공이 등장하여 술을 마시고 복숭아를 따 먹는 연기를 펼치면 그곳이 바로 서왕모의 복숭아밭이 된다. 이윽고 텅 빈 무대에 신령 장수들이 차례로 등장해 손오공과 격

「삼거리」 공연. 깜깜한 방에서 서로의 존재를 느끼고 놀라는 임당혜와 유리화.
© Ana Paula Hirman, CC BY-SA 2.0, 위키미디어 커먼스

투를 벌이면 이번에는 그곳이 바로 천계이다.

「대소란」 공연이 끝난 후 텅 빈 무대에 탁자 하나가 놓이고 「삼거리」 공연이 이어진다. 「삼거리」는 『양가장연의楊家將演義』 중 한 대목을 극화한 것이다. 송나라 장군 초찬焦贊은 간악무도한 권문세족의 사위 사금오謝金吾를 죽인 죄로 유배를 가게 되었고, 그가 유배길에 살해당할까 염려한 임당혜任堂惠는 그를 비밀리에 호위한다. 삼거리에 이르러 열혈남 유리화劉利華가 운영하는 여관에 묵게 되는데 둘은 서로 초찬을 암살하려는 자객으로 오해하여 깜깜한 밤, 깜깜한 방에서 격투를 벌인다. 이 과정에서 임당혜가 탁자 위에 누우면 탁자는 침대가 되고, 그 위에 촛대를 놓으면 다시 탁자가 된다. 방문을 닫는 간단한 동작만으로 무대는 방이 되며, 훤하게 조명이 켜져 있는데도 배우들이 더듬더듬 연기를 펼치면 깜깜한 방이 된다. 배우가 어떻게 하는가에 따라 무대 위의 사물과 시공간이 바뀌는 것이다.

이제 「삼거리」 공연이 끝나고, 노인으로 분장한 뱃사공이 노 하나만 들고 나와 노 젓는 시늉을 하면 무대 위는 「백사전」의 공간이 된다. 「백사전」은 인간이 되기 위해 500년을 수련한 백사 요괴와 인간 허생이 항저우杭州를 배경으로 펼치는 사랑 이야기다. 백사와 허생이 항저우 서호西湖에서 같이 배를 타면서 사랑이 시작되었다. 텅 빈 무대 위에서 뱃사공, 백사, 허생은 몸동작만으로 배를 타는 동작, 배에서 내리는 동작, 배가 출렁이는 동작을 모두 연출해낸다. 이렇게 경극 배우는 연기를 통해 무대 위의 공간을 순식간에 변화시킬 수 있고, 관객은 경극의 연기를 보며 보이는 것 너머로 상상의 나래를 펼칠 수 있다.

어쩌다 보니 젠더프리 캐스팅의 선두 주자

"난 본디 여자이거늘, 남자가 아니거늘."

영화 「패왕별희」에서 주인공 더우쯔는 이 대사를 받아들임으로써 진정한 배우가 되었다. 이는 또 남자로 태어났지만 앞으로 여자 역만 전문적으로 연기해야 하는 상황에서 자신의 성 정체성과 역할에 대한 혼란을 보여 준 대사다. 하지만 경극 배우는 사실 자신의 태생적 성별과 무대 위 성별의 전도에 대해 크게 개의치 않는다.

경극이 형성되던 청나라 시대에는 풍기 문란을 이유로 여성의 무대 공연을 여러 차례 금지했다. 동서를 불문하고 전통 시대에는 여성의 무대 출연을 참으로 꺼렸다. 청나라는 물론 16세기 셰익스피어가 맹활약하던 런던에서도 여성의 무대 출연을 금지했으니 말이다. 그리하여 베이징의 경극 무대에는 여자 배우의 참여가 불가능했다. 경극 극단에서는 남자가 여성 역할을 했는데, 이를 건단乾旦 혹은 남단男旦이라고 한다. '건'은 본래 하

「패왕별희」에서 우희로 분장한 메이란팡.
ⓒ 〈북양일보〉 (1927년 2월 9일)

「타어살가」에 출연한 멍샤오둥.
ⓒ 〈북양일보〉 (1928년 8월 22일)

늘·남성을 가리킨다. '단'은 여성 역할을 전문적으로 맡는 배역을 말한다.

세계적으로 경극을 대표하는 배우였던 메이란팡梅蘭芳(1894~1961)은 남단이다. 메이란팡은 경극 가문 출신으로, 할아버지 메이차오링梅巧玲이 청나라 말기에 유명했던 단 배역의 배우였다. 아버지 메이주펀梅竹芬 역시 단 배역의 배우였지만 일찍 세상을 떠나는 바람에 메이란팡은 여덟 살 때, 경극 악단의 호금胡琴 연주자로 이름을 날렸던 큰아버지 메이위톈梅雨田의 손에 이끌려 경극 배우 훈련소인 과반에 들어갔다. 그는 어려서 목소리도 작았고 외모도 평범해 두각을 나타내지 못했으나 꾸준하고 집요하게 노력했다고 한다.

한번은 스승을 찾아가 배움을 청했더니 스승은 메이란팡의 눈동자가 생기도 없고 움직임도 둔하다며 제자 삼기를 거절했다. 눈빛과 눈동자의 움직임은 손·몸짓·걸음걸이와 함께 경극 배우가 반드시 익혀야 할 기본 연기였다. 이에 메이란팡은 비둘기를 길러 매일 아침 하늘로 날려 보내며 그 새의 모습을 끝없이 눈으로 좇았다. 이를 10년 동안 하루도 거르지 않고 훈련했으며, 결국 눈빛이 살아 있는 연기를 할 수 있게 되었다. 그는 열일곱 살 때 이미 베이징 경극 배우 중 최고의 3인에 오르는 등 두각을 나타냈으며, 훗날 일본과 미국, 러시아에서도 공연을 펼쳐 세계적인 경극 배우가 되었다. 그는 시종일관 무대 위에서 여자보다 더 여자 같은 연기를 펼친다는 평을 받았다.

신해혁명이 일어나고 경극 극단에도 여성 배우의 참여가 가능해졌다. 처음에는 여성으로만 극단을 꾸려 남자 배우와 여자 배우가 별개로 공연을 했으나, 점차 남녀 배우의 합동 공연이 늘어갔다. 상하이의 경극 배우 집안에서 태어난 멍샤오둥孟小冬(1908~1977)은 여자임에도 아버지의 권유로 다섯 살 때 노년의 남자를 전문적으로 연기하는 노생老生 배역을 배우기 시작했다. 상하이는 전통적이고 보수적인 베이징과 달리 서구 사상과 문물을 받아들여 개방적이었다. 노생 배역은 높은 성량과 중후한 음색의 가창력이 요구되기 때문에 여성이 쉽게 연기할 수 있는 배역이 아니었지만, 멍샤오둥은 노생 배역에 적합한 목소리를 타고났다. 그녀는 상하이에서 활약하다가 더 많은 것을 배우기 위해 1925년 베이징으로 떠났다. 그녀는 당시 베이징에서 노생 배역으로 일가를 이룬 위수옌余叔巖을 스승으로 모시고 싶었지만, 위수옌이 여전히 여자 제자를 기피하여 뜻을 이룰 수 없었다. 그녀는 할 수 없이 베이징에 머물면서 독학으로 위수옌의 창법과 연기를 익혔다.

당시 베이징에서는 위수옌과 메이란팡이 오랫동안 짝을 이뤄 함께 무대에 올랐다. 한번은 위수옌이 갑자기 병이 나는 바람에 멍샤오둥이 그를 대신해 메이란팡과 짝을 이루어 공연했다. 단 배역을 전문으로 하는 남자 배우와 노생 배역을 전문으로 하는 여자 배우가 함께 연기하는 장면은 당시 꽤나 새로웠다. 타고난 성별과 연기하는 성별이 뒤바뀐 두 사람의 연기를 보고 사람들은 더욱 환호했다. 물론 이들의 연기 방식에 대해 문제 삼는 이가 없진 않았다. 그러나 이들의 연기가 환호를 받은 것을 보면 그만큼 경극 안에서는 배우 본연의 성별이 크게 문제시되지 않는다는 점을 엿볼 수 있다. 남성 화가가 남성만 그리고 여성 화가가 여성만 그릴 이유는 없다. 경극 배우 역시 화가처럼 등장인물의 모습을 무대 위에 잘 그려내면 그뿐, 타고난 성별이 여자냐 남자냐 하는 것은 중요치 않았다.

한편 메이란팡과 멍샤오둥은 합동 공연 이후, 1927년 결혼에까지 이르렀다. 두 사람의 결혼은 예술적인 의기투합이었지만 일부다처제를 허용한 당시 사회에서 오래가진 못했다. 메이란팡은 이미 두 명의 부인을 둔 상태였기에 둘의 관계는 순탄할 수 없었다. 결혼한 지 4년이 된 해에 멍샤오둥의 열혈팬이 총을 겨누며 인질극을 벌인 일이 계기가 되어 둘은 이혼을 했다. 이후 두 사람은 각자의 자리로 돌아가 메이란팡은 '배우계의 대왕'이라는 호칭답게 세계 곳곳에 경극을 알렸고, 멍샤오둥은 '둥 황제冬皇'라는 호칭을 얻는 등 경극의 대표 배우로 자리매김했다.

메이란팡이 여성 연기를 전담하는 단 배역을 맡은 것은 당시 여성의 무대 출연을 금지한 시대 상황 때문이었다. 그러나 멍샤오둥이 남자 노인 역을 전담하는 노생 배역을 연기한 것은 그녀의 의지였다. 현대 연극은 그동안 남성은 남성 역할을, 여성은 여성 역할을 주로 연기했지만 이제는 젠더 구별 없이 캐스팅을 한다. 멍샤오둥의 연기 의지가 오늘날 젠더프리 캐스팅으로까지 이어진 것이 아닐까 싶다.

경극의 결을 따라 배우의 몸을 날려라

중국 사람들은 흔히 『장자莊子』의 「양생주養生主」에 등장하는 포정庖丁의 경지를 예술인이 도달할 수 있는 최고의 경지로 꼽는다. 포정은 19년 동안 수천 마리의 소를 해체하면서 한 번도 칼을 갈아본 적이 없는 소 해체의 달인이었다. 그는 반복된 수련을 통해 소의 각 부위의 결을 완벽히 이해하여 눈으로 보지 않아도 결을 따라 칼을 놀리면 뼈, 근육, 살 등을 툭툭 분리할 수 있었다. 결을 따라가는 포정의 동작과 그에 따르는 소리는 마치 저절로 그렇게 되는 무위자연無爲自然의 춤과 음악을 보고 듣는 것 같았다.

포정이 소의 각 부위의 '결'을 따라 칼을 놀린 것처럼 경극 예술도 '결'을 따라가야 한다. 배우가 곧 포정이고 배우의 몸이 칼이 되는 셈이다. 경극 연기는 노래·대사·동작·무술로 이뤄지는데, 이 요소들은 모두 일정한 틀, 즉 법칙을 갖는다. 이 법칙이 바로 경극의 '결'이다. 배우들은 이 법칙을 따라 자신의 육체적인 감각을 넘어설 때까지 몸을 반복하여 수련하고 몰입해야만 경극의 최고 경지에 도달할 수 있다.

전통 시대의 배우 수련은 과반科班을 통해 이루어졌고 현대에는 경극 전문학교가 그 역할을 이어받았다. 영화 「패왕별희」에서 주인공 더우쯔가 눈물을 흘리며 다리 찢기를 했던 경극 훈련소가 바로 과반이다. 과반에서는 대략 6~11세의 남자아이만 받아 물구나무서기, 다리 찢기 등 신체의 기본 훈련을 시작으로 자세, 발성, 창법 등을 가르쳤다. 그렇게 학생들의 기초가 다져지면 신체 조건, 성격, 장점, 선호도 등을 고려해 전문적으로 맡게 될 연기 분야를 정한다. 이것이 바로 '각색항당角色行當'이다. 각색항당은 남자 배역의 생生, 여자 배역의 단旦, 호탕하거나 거친 성격을 가진 인물을 연기하는 정淨, 희극적 인물을 연기하는 축丑으로 나뉘고, 다시 성격과 지위, 나이 등에 따라 세부적으로 나뉜다. 각 항당에 따라 창법, 동작, 말

음험함을 상징하는 수성 느낌의 흰색으로 분장한 정 배역의
대표 인물 조조(『京劇一百人物像』). ⓒ THE MET

공평무사함을 상징하는 검은색으로 분장한 정 배역의
대표 인물 포청천(『京劇一百人物像』). ⓒ THE MET

희극적인 인물을 연기하는 축의 분장(『京劇一百人物像』).
ⓒ THE MET

투, 의상, 분장 등이 엄격하게 정해져 있고 배우들은 반복된 수련을 통해 최고 경지에 도달하고자 노력한다.

학생들은 과반에서 대개 7년 동안 평균 60~70개 작품을 공연할 수 있도록 훈련받은 후 극단에 들어갔고, 극단에 들어가서도 반복 수련은 계속되었다. 과반은 1930년대부터 근대식의 전통극 학교로 전환되었지만, 배우 훈련 방식은 그대로 계승되었다. 전통 시대이든 현대이든 배우들은 경극의 '결'을 따라 경극 수련을 한다.

경극 관객은 배우의 노래와 연기가 이 결을 훌륭하게 따라간다고 여기는 순간 '하오好'를 외친다. 바로 이 순간에 배우와 관객은 무대에서 만난다. 배우도 관객도 경극의 결을 따라 연기하고 감상한다.

아는 만큼 보인다

경극의 색채, 동작, 의상 등 무대 위의 모든 것은 정해진 법칙에 따라 일정한 형태로 정형화定型化(규범화)되어 상징적인 의미를 갖는다. 배우는 이에 따라 반복 수련을 하고, 관객 역시 이를 알고 있어야 경극을 제대로 감상할 수 있다.

색채의 법칙과 상징적 의미는 얼굴 분장에 가장 잘 드러난다. 각색항당 가운데 생과 단은 하얀 피부 바탕에 눈 주위는 나이에 맞게 붉은 기를 가감하는 분장을 한다. 반면 정과 축은 강렬하고 독특한 분장을 한다. 축은 코 주위에 네모 혹은 세모로 하얀색을 칠해 우스꽝스러운 느낌을 준다. 그래서 축 분장을 한 배우가 등장하면 관객들은 곧바로 우스개 역할을 기대하며 주목한다. 정은 얼굴 전체를 색칠하는데, 색에 따라 상징하는 의미도 다르다. 관우關羽의 붉은색은 충직함을, 포청천包靑天의 검은색은 강직하고 공평무사함을, 조조曹操의 수성 느낌의 흰색은 음험함을 상징한다.

얼굴에 그려진 문양 또한 상징적인 의미를 갖는다. 관우의 영원한 동생 장비張飛는 강직한 성품이기에 이마, 눈, 입 부위에 검은색이 많고, 이마의 나비 날개 그림은 장비의 '비飛'를 상징한다. 입가에 박쥐를 그려 넣은 것은 박쥐의 복蝠이 복福 또는 부富와 발음이 같아 복을 기원한다는 의미이다. 비명횡사한 장비의 불운을 측은히 여기는 마음에서 복을 의미하는 박

장비의 얼굴 분장에서 검은색은 강직한 성품을, 이마의 나비 날개는 장비의 '비飛'를 상징한다. ⓒ 陳文, CC BY-SA 2.0, flickr

관우의 붉은색 얼굴 분장은 충직함을 상징한다.
ⓒ 殷秋瑞, CC BY-SA 3.0, 위키미디어 커먼스

항우의 얼굴 분장에는 요절한 그를 기려 '목숨 수壽'를 그려 넣었다. ⓒ Robin, CC BY-SA 2.0, flickr

쥐 문양을 그려 넣은 것이기도 하다. 관우 역시 비명횡사했다고 생각하여 입가에 박쥐 문양을 그려 넣는다. 이는 등장인물에 대한 관객의 평가를 반영한 것이기도 하다.

초패왕 항우 역시 불운하게 요절했으므로 그 상징으로 이마 혹은 미간 사이에 '목숨 수壽'를 그려 넣는다. 추상같은 청렴함으로 억울한 이들의 해결사 역할을 했던 포청천, 즉 포증包拯은 이마에 초승달 문양을 그려 넣어 이승과 저승을 넘나드는 활

전쟁에 임하는 기개와 결기를 정형화한 기패 연속동작 중 일부. ©陳文, CC BY-SA 2.0, flickr

약상을 상징한다. 이렇듯 경극은 얼굴 분장의 색깔, 문양에 각각 나름의 의미를 부여했다. 이러한 상징은 규범화·정형화되어 배우와 관객 간에 암묵적인 약속을 형성했고, 그리하여 관객은 아는 만큼 보고 즐길 수 있게 되었다.

  경극의 의상 또한 일정한 법칙과 상징체계로 이루어진다. 특히 갑옷을 무대화한 고靠는 화려하기 그지없으며, 등 뒤에 꽂은 깃발 네 개는 무장의 위세와 기세를 상징한다. 의상은 전문화된 배역마다 정해져 있고 그 위에 인물의 성격, 신분 등에 따라 정해진 상징 문양을 새겨 넣는다. 문양 중에 용은 황제를, 봉황은 황후 또는 그에 버금가는 여인을, 호랑이나 표범은

「양귀비, 술에 취하다」 중 와어 동작. (생성형 AI 이미지)

용맹한 장수를 상징한다. 사랑 이야기의 주인공인 젊은 남녀는 의상에 나비와 꽃을 수놓는다. 관객이 의상에 부여된 상징을 읽게 되면 경극 감상은 더욱 풍요로워질 수 있다.

경극에서 배우의 동작과 무술은 모두 예술적으로 가공되어 있으며, 관객에게 혼동을 주지 않기 위해 일정한 형태로 정형화되고 상징적인 의미가 부여되어 있다. 걷기, 뛰기, 말타기, 문 열기 등 모든 동작, 심지어 싸우는 장면에 이르기까지 그 형태가 정해져 있다. 예를 들어 관우와 장비가 적벽대전에 출정할 때, 혹은 항우가 마지막 결전에 출정할 때 등과 같은 장면에서는 전쟁에 임하는 기개와 결기를 '기패起覇'라는 정형화된 연속 동작을 통해 보여주는 것이 경극의 법칙이다. 또 말을 타고 출정할 때는 손에 말을 상징하는 술 달린 막대를 들고 휘두르는 것은 물론 말을 잡고 올라타거나 말을 몰아 달려가는 동작이 세밀하게 정해져 있고 배우는 이를 리드미컬하고 아름답게 수행해내야 한다. 또한 메이란팡이 「양귀비,

술에 취하다 貴妃醉酒」에서 처음 와어臥魚 동작을 선보인 후 이 동작은 경극에서 미인이 술에 취해 꽃향기를 맡는 것을 상징하게 되었다.

관객은 이렇게 상징화된 무대 위의 동작을 읽어내면서 배우가 그 정형화된 동작을 얼마나 예술적으로 잘 표현해내는가를 보고 '하오'를 외친다. 경극 무대는 배우의 연기로 삼라만상이 펼쳐진다.

홍영림

연세대학교 공연예술연구소 연구원. 중국 고전 희곡을 전공하고 극예술을 중심으로 중국 문화 전반, 동아시아 공연 예술에 대한 비교 연구를 주로 하고 있다. 옮긴 책으로 『리위 희곡 이론』, 『원곡선』, 『중국 고전극 읽기의 즐거움』, 『강남은 어디인가』가 있고 중국 현대 희곡 번역서로 『손님』, 『모조인생』, 『나는 반금련이 아니야』 등이 있다.

찰나의 기예

변검

박계화

    1997년 한 해에 우리나라 극장가에 얼굴 바꾸기를 소재로 한 영화 두 편이 상영되었다. 미국 영화 「페이스 오프」(1997년)와 중국 영화 「변검」(1995년)이다. 「페이스 오프」는 「영웅본색」으로 대표되는 홍콩 느와르 영화의 전성기를 이끈, 우리에게 비교적 익숙했던 우위썬吳宇森 감독이 할리우드에 진출하여 만든 액션 범죄영화다. 한편 「변검」은 제목부터 매우 낯설다. 이 영화는 당시 우리에게 생소했던 중국 4세대 감독 우톈밍吳天明의 작품이고, 역시 잘 알지 못했던 변검이라는 중국 전통 기예의 전수를 둘러싼 사람들의 관계와 인간애를 그린 휴머니즘 영화다.

    당시 대다수 관객들은 극중에서 얼굴이 뒤바뀐 것으로 설정된 존 트라볼타와 니콜라스 케이지의 명연기가 돋보인 「페이스 오프」에 열광했고, 지금도 그 영화를 인상 깊게 기억하고 있을 것이다. 그러나 그리 유명하지 않았던 「변검」을 본 관객들 역시 잘 알지 못하는 배우들이 순식간에 얼굴을 바꾸는 '변검'이라는 기예에 강렬한 인상을 받고 관심을 가지기 시작했

우톈밍 감독의 영화 「변검」과 우위썬 감독의 영화 「페이스 오프」의 포스터.

다. 감독이나 배우의 유명세, 세계적으로 대중성을 확보한 할리우드 영화와 지역 전통 색채가 강한 중국 영화의 여러 스타일 차이에도 불구하고 이 두 영화는 '얼굴 바꾸기' 이야기가 시각적 이미지를 십분 활용한 매력적인 소재가 될 수 있음을 보여준다. 얼굴을 바꾼다는 것은 대체 무엇을 의미하는 것일까?

가면과 내면, 숨기거나 드러내거나

'변검'은 한자로 '變(변하다, 바꾸다)'에 '臉(얼굴)'을 합한 단어로 '얼굴이 변하다, 얼굴을 바꾼다'는 뜻이다. 즉 무대에 등장하는 배우가 얼굴 분장을 순식간에 바꾸는 기법이며, 중국 쓰촨 지역과 그 주변 지역에서 공연되던 희곡인 천극川劇을 구성하는 공연 기법 중 하나다.

입으로 불을 뿜어내는 토화. © shutterstock

　베이징에 경극이 있다면 쓰촨에는 천극이 있으며, '경극은 듣고, 천극은 본다聽京劇, 看川戲'라는 말이 있을 정도로 천극은 볼거리가 매우 많다. 중국 각 지역의 전통극은 노래와 대사, 동작, 무예, 무용 등이 모두 들어 있는 종합 공연 예술의 모습을 보이는데, 그중 서커스적인 요소가 가장 많은 것이 천극이다. 변검 외에도 입으로 불을 뿜어내는 토화吐火, 제3의 눈인 혜안을 표현하기 위해 눈 모양을 붙인 발끝을 힘껏 차서 이마 가운데를 맞히는 척혜안踢慧眼, 마술에서 물건을 사라지게 하는 것처럼 들고 있던 큰 칼이 사라졌다 나타났다 하게 만드는 장도藏刀 등 관객의 눈을 사로잡는 다양한 기법이 펼쳐진다. 그야말로 관객의 혼을 쏙 빼놓는 공연이 아닐 수 없다.

　얼굴 분장은 얼굴 위에 직접 그리거나 가면을 사용한다. 중국 전통극에서 얼굴 분장은 보통 각 배역의 개성을 나타내는 수단이 되는데, 천극에서는 얼굴 분장에서도 서커스와 비슷한 특수 기법을 사용하여 시각적 효과를 극대화했다. 바로 얼굴 모습을 바꾸는 '변검'을 통해서다.

먼 옛날 고대인들은 생존을 위협하는 맹수를 쫓기 위해 얼굴에 무늬를 그려 험악하게 보이도록 하거나 사나운 표정의 얼굴 가면을 만들어 썼다고 한다. 이후 민간에서 가면을 쓰고 노는 행위는 서커스처럼 공연하는 기예가 되거나 귀신을 쫓기 위한 가면 또는 신을 상징하는 가면을 쓰고 공연하는 나희儺戲(가면극)로 발전한다. 이때 가면은 얼굴을 바꾸는 도구로서 본 모습을 가리는 역할, 내가 아닌 다른 모습으로 위장하거나 대신하는 역할을 했다고 할 수 있다.

그렇다면 현재 우리가 알고 있는 변검과 같은 형태는 언제 나타났을까? 19세기 말 유명한 천극 배우 캉쯔린康子林이 「귀정루歸正樓」라는 작품 공연에서 세 장의 가면을 바꾸는 삼변화신三變化身을 선보인 것이 그 시작이다. 그 작품에서 협객 패융貝戎은 탐관오리의 핍박을 받는 억울하고 불쌍한 쓰촨 지역 백성들을 도와준다. 그러다 관병에 쫓기게 되는데, 추격을 따돌리기 위해 자신의 얼굴을 바꾸고 탈출한다. 이때 얼굴을 세 차례나 바꾸며 본모습을 숨긴다. 이처럼 변검은 진짜 얼굴을 알 수 없게 감추거나 가리는 장면에 사용되었다.

얼굴은 마음의 거울이라 했던가. 보통의 경우 사람의 감정은 얼굴에 드러나게 마련이라, 얼굴 표정을 보면 그 사람의 심리 상태를 알 수 있다. 자신의 감정을 일부러 숨기는 경우가 아니라면 대개 부끄러움을 느끼면 얼굴이 빨개지고, 두려움이나 공포를 느끼면 얼굴이 창백해진다. 화가 나면 붉으락푸르락하고, 기분이 좋으면 환하게 웃는 얼굴이 된다. 이에 따라 변검은 점차 특정한 극적 상황에서 등장인물의 감정 상태나 내면 심리 상태의 변화를 시각적으로 재현해 천극의 공연 효과를 증대시키는 역할을 하게 되었다.

중국의 유명한 민간 전설 중 하나인 「백사전」은 인간 남자를 사랑하게 된 흰 뱀 아가씨의 이야기다. 「백사전」의 한 대목을 공연하는 천극 「단교斷

橋」에 변검 장면이 나온다. 인간으로 변신한 흰 뱀 백낭자가 병이 난 허선을 치료해주었는데도 불구하고 백낭자를 요괴로 보는 허선은 백낭자를 배신한다. 원래 남성이었던 푸른 뱀 청아는 백낭자에게 제압당한 후 그녀의 시녀가 되었고, 좁은 길에서 배신자 허선과 마주치자 극도로 분노하여 남성이었던 본모습을 드러낸다. 곱상했던 모습은 점차 청색 얼굴에 날카로운 이빨을 번득이는 흉악한 모습으로 변한다. 이 장면에서 청아는 배신감에 화가 나는 과정을 변검으로 표현한다. 화가 나서 얼굴이 하얗게 질린 모습을 표현하기 위해 얼굴을 흰색으로 바꾸고 점점 더 화가 나자 붉은색으로, 다시 허선을 덮치고 붙잡는 순간 공포감을 불러일으키는 청색으로 바꾸며 자신의 심리 변화를 관객들에게 보여준다.

변검은 단순히 얼굴을 바꾸는 잔재주에 그치지 않는다. 얼굴과 마음은 연결되어 있다. 보이지 않는 마음이 얼굴에 드러난다. 그 점에 착안하여 눈에 보이는 얼굴 표정의 변화를 관객들에게 효과적으로 전달하기 위해 고안한 예술적 장치가 바로 변검인 것이다. 얼굴의 변화는 곧 감정과 내면의 변화이다. 관객들에게 놀라움과 재미를 선물하는 변검은 이러한 숨김과 드러냄의 미학이 담긴 전통 기예라고 할 수 있다.

예술로 승화한 0.5초의 기술

무대 위, 장중하고 격정적인 음악을 배경으로 천극 배우가 고개를 한 번 돌리거나 몸을 한 번 회전하면 얼굴이 순식간에 변한다. 무대 아래, 관객들은 넋을 잃고 몰입하며 박수와 환호성을 터뜨린다. 놀라고 감탄한다.

"와! 정말 신기하다! 대체 어떻게 한 거지?" 아무리 눈을 부릅뜨고 봐도 얼굴 가면이 어떻게 바뀌었는지 알 수가 없다. '너무 멀어서 안 보인 걸

쓰촨 음식점의 손님들 앞에서 공연하는 변검술사. ⓒ박계화

까?' 하지만 찻집이나 식당에서 관객들의 코앞에서 공연을 해도 마찬가지다. 눈 뜨고 코 베인 느낌이다. 순식간에 변하는 가면, 대체 얼마나 빨리 변하는 걸까?

현재 변검의 최고 기록은 천극의 변검 기예 보유자 펑덩화이彭登懷가 가지고 있으며, 25초 동안 열네 번의 얼굴 변화를 선보인 그의 기록은 기네스북에도 올라 있다. 얼굴이 바뀌기 전에 보이는 퍼포먼스 시간을 빼면 얼굴이 한 번 바뀌는 데 걸리는 시간은 0.1~1초, 즉 평균 0.5초인 셈이다. 눈 한 번 깜박이는 속도가 평균 0.3초라고 하는데, 그야말로 눈 깜박할 새에 바뀐다는 말이 사실이라고 할 수 있다. 찰나刹那는 불교에서 극히 짧은 시간을 가리키는 말이다. 산스크리트어에서 '순간'이라는 뜻을 가진 '크샤나क्षण, kṣaṇa'를 음역한 용어로, 인도의 불교 경전인 『마하승기율摩訶僧祇律』에 따르면 1순瞬은 약 0.36초에 해당한다고 한다. 이에 비춰본다면 변검은 가히 찰나의 기예라고 할 수 있으리라.

찰나의 순간 바뀌는 얼굴. ⓒshutterstock

한 회 공연에서 가장 많게는 108장의 얼굴을 바꾼 기록도 있다. 변검을 처음 선보인 천극「귀정루」에서 얼굴을 세 번 바꾸는 것으로 시작된 변검 기술이 관객들의 호응과 요구에 발맞춰 계속해서 진화하고 있는 것이다. 이러한 기예를 익히기 위해 변검 배우들이 들인 땀과 시간에 경의를 표할 뿐이다.

변검을 전수하기 위해 고군분투하는 변검왕 왕다오정王道正은 자신의 변검 비결을 이렇게 요약한다. '몸을 낮추고 가슴을 움츠리며 손발을 움직이고, 안정적이고 정확하게 동작을 수행하며, 마음속으로 모든 것을 파악한다.' '배우는 오직 감각에 의존해 변검의 정수를 찾아야 한다. 눈으로 보면 형태가 흐트러지고 정신이 분산되기 때문이다.'

그의 말에서『장자』에 나오는 일화가 떠오른다. 소 잡는 솜씨가 경지에 이른 요리사가 그 비결을 묻는 문혜군에게 이렇게 말했다. "제가 귀히 여기는 것은 도道이고, 이것은 기술을 넘어서는 겁니다. 제가 처음 소를 잡을 때는 눈에 보이는 게 온통 소뿐이었습니다. 3년이 지나자 온전한 소가 보이지 않게 되었습니다. 지금은 정신으로 조우할 뿐, 눈으로 보지 않습니다."

오늘도 변검 배우들은 변검 기법을 익히고 변검 기예의 도를 터득하기 위해 끊임없이 노력하고 있다. 얼굴 가면을 많이 바꾸는 기술도 중요하지만, 그것을 예술적으로 표현해내는 것이 더 중요하다고 생각하기 때문이다. 극중 인물의 형상을 더욱 생동적으로 표현하는 데 변검 기술은 매우 유용하다. 그리고 관객들은 그 빠른 속도와 변화로 인해 보면서도 보지 못한 모순적 상황에 당혹감과 함께 쾌감을 느끼는 속도의 미학을 체험한다. 바뀌는 얼굴의 강렬한 색상은 또한 시각적 매력을 발산하며, 이 기예를 중국적인 시각 예술로 승화시키고 있다.

천극의 꽃, 제갈량을 표현하다

변검은 대중에게 '천극의 꽃川劇之花'이라 불리며 관심을 받았다. 극중에서 변검 기법을 사용하는 장면은 매우 화려하게 연출될 뿐만 아니라 극중 인물의 급격한 감정 변화를 드러내는 클라이맥스의 순간이기 때문이다.

변검 공연을 보고 나면 모두들 궁금해한다. 대체 어떻게, 어떤 기술로 얼굴을 바꾸는 것일까? 변검의 얼굴 분장은 변화시키는 면적에 따라 '대변검'과 '소변검'으로 나눈다. '대변검'은 얼굴 전체를 변화시키는 것이고 '소변검'은 얼굴의 일부만 변화시키는 것이다. 또 얼굴 변화의 횟수에 따라 삼변검, 오변검, 구변검 등으로 나눌 수 있는데, 숫자가 높아질수록 난이도가 높은 변검으로 여겨진다.

변검의 주요 기법으로는 '얼굴 문지르기抹脸', '얼굴 불기吹脸', '얼굴 당기기扯脸', 그리고 '기공으로 얼굴 바꾸기運氣變脸' 등이 있다. 앞의 두 기법은 얼굴에 화장을 덧바른 방식이다. '얼굴 문지르기'는 특정 부위에 미리 화장용 유성물감을 장식처럼 붙여놓거나 발라놓고, 공연 중에 손으로 그 부분을 문질러 다른 얼굴색으로 바꾸는 방법이다. '얼굴 불기'는 금가루, 먹가루, 은가루 등 분말 형태의 화장품을 사용하며, 무대 바닥에 놓인 작은 상자 안에 분말을 넣어두고는 필요할 때 얼굴을 상자 가까이로 들이댄

무대 위에서 펼쳐지는 천극의 꽃 '변검'. ⓒ shutterstock

후 분말을 불어 얼굴에 묻힌다. 그러면 즉시 다른 색상의 얼굴로 변한다.

앞에서 예로 든 「단교」 공연에서 청아 역을 맡은 셰궈샹謝國祥은 바로 이 '얼굴 문지르기' 기법을 사용했다. 우선 담뱃갑 안의 은박지를 사용해 비둘기 알 크기의 흰색, 빨간색, 검은색 물감을 준비했다. 허선을 만나 분노할 때는 왼손을 허공에 흔들고 소매를 털며, 오른손으로 이마 덮개 아래에 끼워둔 흰색 물감을 이마에서 아래로 문지르자 얼굴이 하얗게 변했다. 다음 순간 기회를 엿보아 왼손에 끼워둔 빨간색 물감을 얼굴에 문질러 흰색을 덮어버렸고, 도망가는 허선을 쫓아 무대 아래로 내려갔다. 얼른 손을 씻어 말린 후 준비해둔 검은색 물감을 끼우고 다시 무대로 올라와 허선을 덮치는 순간 얼굴을 검게 문질러 청색 얼굴의 흉악한 모습을 표현했다.

요즘 우리가 자주 볼 수 있는 기법은 비교적 복잡한 '얼굴 당기기' 기법이다. 천극 공연에서뿐만 아니라 변검 단독 공연에서 주로 이 기법이 사용된다. 사전에 비단이나 얇은 천으로 얼굴 가면을 만들고, 각 얼굴 가면에 실을 연결한 후 한 겹씩 얼굴에 붙인다. 이 실은 배우의 의상에서 손이 닿기 쉽고 눈에 띄지 않는 곳에 연결되어 있으며, 공연 중 무용 동작을 이용해 사람들의 시선을 분산시킨 후 실을 당겨 얼굴 가면을 하나씩 떼어내는데, 섬세하고 민첩함이 생명이다.

「백사전」에서 요괴를 제압하려는 법해선사가 바리때로 백사를 가두기 위해 결투하는 장면을 담은 「수만금산水漫金山」 공연의 변검 기법이 바로 '얼굴 당기기'이다. 법해선사는 신기한 기물인 자금요발紫金繞鉢을 사용하여 백사를 제압하려 하지만, 백사는 청사의 보호 아래 성공적으로 탈출한다. 이때 극중에서 바리때인 자금요발은 발동鉢童이라는 인물로 의인화되어 세 번 등장한다. 첫 번째는 녹색과 파란색이 섞인 얼굴로 등장하며, 백사와의 싸움 도중 얼굴이 순서대로 붉은 얼굴에 녹색 눈썹, 파란 얼굴에 금색 눈썹, 노란 얼굴, 흰 얼굴에 검은 눈으로 변한다. 그 후 흰 얼굴에 웃는 눈, 붉은 빰의 본래 얼굴로 변해 백사를 쫓아 무대에서 퇴장한다. 두 번째 등장은 백사를 추격하는 장면으로, 본래의 흰색 얼굴로 등장하여 백사가 이미 도망친 것을 발견하고 발을 구르는 순간 검은 얼굴에 흰 눈으로 변하며 급히 백사를 쫓아 무대에서 퇴장한다. 세 번째 등장에서도 백사와 마주치는 순간 금색 얼굴에 짙은 눈썹, 수염이 덥수룩한 모습으로 변하며, 마지막으로 백사와 함께 수중생물들을 이끌고 패퇴할 때 다시 본래의 흰색 얼굴로 돌아온다.

이러한 변검 장면은 발동이 백사를 찾을 때의 오만함, 백사를 발견했을 때의 흥분, 백사를 제압했을 때의 기쁨, 그리고 백사가 도망친 후의 분노 등의 감정 변화를 생동감 있고 명확하게 보여주며, 강렬한 시각적 충격을 준다.

'기공으로 얼굴 바꾸기'는 기공을 연마하여 내공이 쌓인 사람만이 할 수 있는 고난도의 기법으로 기를 운용하여 얼굴색을 바꾼다. 보통의 훈련으로는 성공하기 어려우며, 심지어 전설상의 기법일 뿐 실재하지 않는다고 말하는 이도 있다. 전해오는 이야기에 따르면 지금은 고인이 된 천극 명배우 펑쓰홍彭泗洪이「공성계空城計」에서 제갈량을 연기할 때 이 기법을 사용했다고 한다.

공성계는 군사가 없는 빈 성의 문을 열어젖혀 적을 커다란 의혹에 빠뜨리고는 결국 퇴각하게 만드는 계책으로, 동아시아의 베스트셀러『삼국지연의』에 나오는 유명한 이야기 중 하나다. 촉나라의 유비가 천하통일의 과업을 이루지 못하고 죽은 후 충신이자 지략가였던 제갈량이 유언을 받들어 위나라를 공격했을 때의 일이다. 제갈량이 촉나라 군대를 양평관에 주둔시키고, 대장군 위연과 왕평 등으로 하여금 위나라 군대를 공격하게 했다. 군대를 모두 다른 곳으로 보냈기 때문에 제갈량이 주둔하고 있는 성에는 2,500여 명의 약하고 부상당한 병사들만 남아 있었다. 이때 위나라 대도독 사마의가 20만 명의 대군을 이끌고 성으로 쳐들어왔다. 이 소식을 들은 제갈량은 중과부적의 상황에서 군사들에게 성안의 길목을 지키게 하고, 성문을 활짝 열어둔 채 20여 명의 군사를 백성으로 꾸며 청소를 하게 했다. 그리고 자신은 성밖에서 눈에 잘 띄는 성루의 난간에 기대앉아 웃음 띤 얼굴로 한가롭게 거문고를 뜯었다. 사마의는 그 광경을 보며 분명 속임수가 있을 것으로 생각하고는 더 이상 공격하지 않고 물러났다.

이때 제갈량은 거문고를 뜯으며 무슨 생각을 하고 있었을까? 승부사 기질을 가진 제갈량은 전혀 변화가 없는 얼굴이었지만, 그런 제갈량이라고 계책이 성공할 수 있을지 알 수 없는 상황에서 어찌 감정이 요동치지 않았겠는가. 공연에서 악사樂師가 사마의의 대군이 퇴각했다고 보고하자, 제갈량 역을 맡은 펑쓰홍의 변검이 시작되었다. 그는 기공을 활용해 얼굴색을 붉은색에서 흰색으로, 다시 흰색에서 푸른색으로 변화시켰다고 한다. 이는 제갈량이 위기에서 벗어난 후의 안도감과 두려움을 표현하기 위한 것이었다.

이외에도 '얼굴 찢기撕臉', '얼굴 붙이기貼臉' 등과 같은 기법이 있지만 현재는 거의 사용되지 않는다. 이처럼 '천극의 꽃' 변검의 다양한 기법은 화려한 볼거리와 함께 극의 예술성을 한층 높여준다. 얼굴이 바뀌는 찰나의 순간은 등장인물의 희로애락도 함께 바뀌는 극적인 순간이다.

거우와가 사랑한 변검

다시 영화 「변검」으로 돌아가보자. 영화의 배경은 1920년대이다. 변검왕으로 불린 빈민층의 떠돌이 기예인 왕씨가 자신의 기술을 전수해줄 사내아이를 찾다가 인신매매장에서 '거우와狗娃(똥강아지)'라고 불리는 남자

아이를 사서 거둔다. 그런데 우연한 사건으로 거우와가 여자아이라는 사실이 밝혀진다. 여자에게는 기예를 전수해줄 수 없다며 왕씨는 거우와를 내치지만 자신을 거두어준 할아버지 왕씨와 변검을 사랑하게 된 거우와는 그의 곁을 떠나지 않으려 한다. 여러 가지 갈등과 애환을 겪으며 결국 왕씨는 거우와를 받아들이게 되고 여자아이인 거우와에게 변검 기술을 전수해준다. 마지막에 왕씨와 거우와가 마주 보고 웃으면서 동시에 얼굴 가면을 바꾸는 장면은 보는 사람의 마음을 훈훈하게 해준다.

이 영화를 보면 변검이 원래 남자에게만 전수되는 기예였음을 알 수 있다. 중국의 전통 기예 대부분이 그랬듯, 경극이나 천극 배우는 원래 모두 남자만으로 이루어졌다. 여자 역할도 당연히 남자들의 몫이었다. 그래서 여자 역할을 하는 예쁘장한 남자 배우들은 늘 화제의 대상이 되곤 했다. 그러나 현대에 들어와서는 그러한 금기가 깨졌다. 21세기에 접어들면서 영화, 드라마 등 영상 예술이 강세를 보이자 천극은 전례 없는 위기를 맞이했다. 인재 양성 체계가 붕괴되고 공연 횟수와 관객 수가 급감하는 상황에서 많은 변검 기예인이 천극 부흥과 변검 전승에 나섰으며 크게 공헌했다. 변검은 이제 여성뿐 아니라 외국인들에게도 전수되고 있다.

함께 변검 복장을 한 변검왕 왕씨와 거우와.(영화 「변검」의 포스터)

영화 「변검」에서처럼 이제는 거리와 골목에서 대중들이 쉽게 변검을 만날 수 있게 되었다. 거우와가 사랑한 변검은 예술성을 추구하며 천극 공연장에 갇혀 있는 변검이 아니라 광장에 나와 누구나 함께 웃으며 즐길 수 있는 대중들의 변검이었다. 극 속 흐름의 한 요소로서가 아니라 퍼포먼스만 따로 분리하여 하나의 문화 상품이 된 변검은 찻집, 식당, 서커스 공연장 등 다양한 장소에서 공연되며 일반 대중들의 사랑을 받고 있다.

우리나라에서도 변검 전수자가 늘어나면서 변검 공연을 종종 볼 수 있게 되었다. 대부분은 거우와가 좋아했던 광장의 변검이다. 「놀라운 대회 스타킹」과 같은 예능방송이나 동춘서커스단의 공연에서 변검 공연을 선보이면서 한국 대중들의 관심이 크게 높아졌다. 최근에는 단순히 중국의 신기한 기예로서 공연하는 데서 나아가 한국화된 변검 공연도 시도되고 있다. 변검과 고성오광대 탈춤이 만난 '탈바꿈 놀이'가 공연되고, 가오싱젠高行健의 희곡 「저승冥城」을 연극 무대에 올려 등장인물인 염라대왕의 심리 변화를 변검으로 표현한다.

이처럼 중국의 변검을 활용한 새로운 공연들이 나오는 것을 보면서 문

변검 공연에 활용된 한국 탈. 왼쪽부터 고성오광대놀이 도령탈, 강릉관노극 양반탈, 봉산탈춤 취발이탈.
ⓒ 한국변검연구소 김동영

화 변용의 힘을 실감하지 않을 수 없다. 과거처럼 변검을 남자 제자에게만 전수하고 비밀스럽게 천극 내부에서의 전승만 허용하며 외부에는 전수하지 않는다는 규칙을 고수했다면, 변검이라는 기예가 이렇게 다양한 문화로 꽃피어날 수 없었을 것이다.

박계화

연세대학교와 베이징대학에서 중국 고전소설을 연구하고, 현재 국립인천대학교 중국학술원의 연구교수로 재직 중이다. 중국 고전문학 및 문화를 가르치고 있으며 명·청대 소설과 관련된 출판 문화, 법률 문화 및 민간신앙에 관심을 가지고 연구하고 있다. 옮긴 책으로 『명청시기 중국의 출판과 책 문화』, 『당음비사』, 『강남은 어디인가』 등이 있다.

하늘에서 펼쳐지는 예술

> 공중서커스

정민경

    뮤지컬 영화「위대한 쇼맨」에서는「지상 최대의 쇼 The Greatest Show」라는 노래와 함께 다양한 서커스가 펼쳐진다. 불을 내뿜는 사람, 인간 탑 위에서 뛰어내리는 사람, 링을 통과하는 사람, 말 위의 멋진 묘기, 불이 타오르는 링을 통과하는 사자, 거대한 코끼리의 행렬까지. 근대적 서커스의 창시자인 피니어스 테일러 바넘의 실화를 바탕으로 만들어진 이 영화에서 가장 큰 놀라움을 선사하는 무대는 바로 공중서커스이다. 줄 하나에 의지해 하늘로 튀어 오르거나, 시소를 이용해 날아오르거나, 공중그네에서 이리저리 날아다니는 모습은 화려한 서커스 현장에서 단연코 돋보이는 장면이다.

하늘과 땅을 잇다

    포송령은 자신의 소설집『요재지이』에 아주 놀랄 만한 이야기 하나를 기록한다. 포송령은 소년 시절 동자시를 보기 위해 산둥성 제남부에 갔다. 때마침 그곳에서는 설날맞이 놀이 공연이 펼쳐지고 있었다. 포송령은 많은 놀이판 중에 너무 신기한 공연이 있어 넋을 잃고 바라보게 된다. 그 공연은 다름 아닌 공중서커스였다. 공연은 다음과 같이 진행되었다.

한 마술사가 궤짝을 열더니 안에서 동아줄 한 뭉치를 꺼냈다. 동아줄은 10여 길이 넘을 정도로 아주 길었다. 마술사는 동아줄의 한쪽 끝을 잡고서 하늘을 향해 힘껏 내던졌다. 동아줄은 하늘로 날아가 뭔가에 걸리기라도 한 것처럼 허공에 둥둥 매달렸다. 동아줄은 마술사가 던지면 던질수록 위로 올라가더니 까마득한 구름 속까지 빨려 들어갔다. 잠깐 사이에 마술사의 손안에 있던 동아줄이 모두 올라가버렸다. 그러자 마술사는 아들을 불러 동아줄의 다른 쪽 끝을 건네주며 동아줄을 타고 하늘로 올라가라고 했다. 하늘로 올라가 하늘궁전에 있는 서왕모의 복숭아를 훔쳐 오라는 것이다. 때는 설날이었으니, 엄동설한에 복숭아를 구해 오라는 것이었다. 아들은 동아줄 하나에 의지해 하늘로 올라가다가 떨어지면 죽는다고 마술사와 실랑이한다. 마술사는 복숭아를 훔쳐 오면 아들에게 예쁜 부인을 얻어 주겠다고 설득한다.

아들은 그 말에 넘어가 동아줄을 붙잡고 올라가기 시작한다. 아들은 줄을 빙빙 돌며 올라갔는데, 손을 움직일 때마다 발도 따라 움직이는 것이 마치 거미가 거미줄에 매달려 움직이는 것 같았다. 아들은 동아줄을 잡고 한 발 한 발 올라가 구름 속으로 들어가더니 더 이상 보이지 않게 되었다. 그리고 한참 후에 하늘에서 사발만 한 복숭아 하나가 툭 하고 떨어졌다. 결국 아들은 하늘궁전으로 올라가 서왕모의 복숭아를 훔쳐서 땅으로 떨어뜨린 것이었다. 이후 아들은 복숭아를 훔친 죄로 하늘의 심판을 받아 사지가 잘린 채 땅으로 떨어진다. 마술사는 매우 슬퍼하며 궤짝에 아들의 시신을 하나하나 담고는 구경꾼들에게 장례비를 달라며 돈을 걷는다. 돈

「복숭아 훔치기」 공연으로 추정되는 그림. ⓒ 杉山二郞, 『遊民の系譜』

을 다 걷고 나서 궤짝을 치며 "팔팔아!" 하고 부르자 아들이 멀쩡하게 살아난다.

포송령은 이야기의 마지막에서 공연으로 펼쳐진 줄타기가 너무나도 신기해서 자신의 기억을 되살려 기록한다고 했다. 포송령은 청나라 초기 사람이므로 당시에 이미 「복숭아 훔치기偸桃」라는 색다른 공중서커스가 있었음을 보여준다. 조선시대 박지원이 건륭제의 70세 생일을 축하하기 위해 청나라를 다녀오며 남긴 『열하일기』에도 이 공연이 언급되고 있는 것으로 보아, 당시에 상당히 유행한 서커스였던 듯하다.

줄타기 공연에서 이들은 왜 하늘을 향해 줄을 던지고 그 줄을 타고 하늘로 올라갔을까? 공중에서 펼쳐지는 곡예, 즉 공중서커스는 어떻게 생겨났을까? 공중서커스의 시작을 두고 다양한 의견이 많은데, 선사시대에 올리던 제천 의식에서 비롯되었다는 것이 그중 하나다.

예로부터 중국은 하늘과의 관계를 중요시했다. 황제를 칭하는 하늘의 아들이라는 뜻의 '천자'라는 명칭도, 황제들이 하늘에 제사를 지내기 위해 하늘과 가장 가까운 산으로 올라갔다는 이야기도 그러하다. 한나라 무제는 하늘에 제사를 지내기 위해 타이산에 올랐고, 명나라 영락제가 완성한 베이징의 자금성은 하늘의 중심 별자리인 자미원(북극성)을 반영해 건설되었다.

쓰촨성 삼성퇴박물관의 상나라 청동신수 靑銅神樹 ⓒ 위키미디어 커먼스

 이뿐만 아니라 중국 신화 속에 등장하는 우주수나 그 주위를 날고 있는 새의 이미지는 모두 하늘을 향해 있다. 이는 중국만 그러한 것이 아니다. 서진시대 진수의 『삼국지』「동의전」에는 마한 사람들이 신성시했던 제사

공간인 소도가 나온다. 소도에서는 커다란 나무를 세우고 방울과 북을 매달아 신령을 섬기는데, 이 커다란 나무가 바로 하늘과 땅을 이어주는 우주수 역할을 한다. 제천 의식을 진행하는 천군은 소도에 커다란 나무로 된 솟대를 세우고 방울과 북을 울리며 노래하고 춤추면서 하늘에 제사를 지냈다. 우리나라의 솟대타기, 즉 장대타기는 바로 여기에서 시작되었다.

어렸을 때 동화책에서 읽었던 「해님 달님」 이야기는 어떠한가. 호랑이가 잡아먹으려고 달려오자 오빠와 여동생은 나무 위로 올라간다. 여기서 나무는 우주수는 아니지만 하늘과 가까워지기 위해 올라갈 수 있는 최고의 지점이다. 호랑이가 나무 위까지 다가오자 남매는 하늘을 향해 절실하게 기도한다. "동아줄을 내려주세요." 그러자 하늘에서는 튼튼한 동아줄을 내려주고 남매는 나란히 동아줄을 타고 하늘로 올라간다. 「선녀와 나무꾼」에서도 선녀가 하늘로 올라갈 수 있었던 건 날개옷 덕분이지만, 나무꾼은 하늘에서 내려온 줄에 매달린 두레박을 타고 선녀를 찾아간다. 여기서 '줄'과 '나무'란 높은 산이나 우주수처럼 하늘과 땅을 연결해주는 도구이다. 이러한 줄과 나무가 어느 순간 하나의 서커스로 변모하여 하늘궁전의 복숭아를 훔쳐 오게 된다.

줄 위거나 장대 위거나

사실 줄을 타고 하늘로 올라가는 서커스는 당나라 기록에도 보인다. 「가흥현의 줄타기 嘉興繩技」를 보면 당나라 현종은 잡기 雜技를 좋아해서 주 州나 현 縣에서 자주 연회를 베풀고 공연하게 했다. 잡기란 중국에서 서커스를 부르는 명칭이다. 다양한 공연 양식(?)이라는 뜻쯤 된다. 현종 시기에 한번은 가흥현에서 연회가 열리게 되었다. 가흥현에서는 현령과 감사 監司가 누가 더 특별한 기예를 내보이냐로 승부를 겨루었다. 감사를 모시는 옥리들은 연회를 성공적으로 개최하고 싶어서 특별한 잡기를 펼칠 수 있는 사람을 구했다. 그때 감옥의 한 죄수가 나서며 자신이 아주 특별한 줄타기를 할 수 있다고 했다. 특별한 줄타기란 바로 공중에다 줄을 던져놓고 하늘로 올라가며 여러 신기한 동작을 하는 것이었다. 결국 죄수는 공연자 명단에 올라 연회에서 공연을 펼치게 된다.

자신의 차례가 되자 죄수는 손으로 줄 한쪽을 쥐고 다른 쪽을 하늘로 던졌는데 줄이 꼿꼿하게 섰다. 사람들이 매우 신기해하자 죄수는 점차 높이 줄을 던지고는 그 줄에 올라탔다. 그러더니 공중에다 줄을 던져두고 새처럼 멀리 날아 하늘로 사라져버렸다. 결국 자신만의 공중서커스를 이용해 탈옥한 셈이다. 죄수는 자신의 특별한 줄타기를 자랑하며 다른 사람들의 일반적인 줄타기와 비교한다. "다른 사람들의 줄타기는 줄을 양쪽에 각각 매어둔 후 그 위를 걷기도 하고 서기도 하고 빙빙 돌기도 합니다. 그러나 저는 줄 끝을 양쪽에 매어둘 필요가 없습니다. 그저 공중에 던진 후 줄이 하늘을 향하면 그 위에서 펄쩍펄쩍 뛸 수도 있고 방향을 바꿀 수도 있으며 어떠한 동작이라도 할 수 있습니다." 죄수가 말한 다른 사람들의 줄타기는 우리가 일반적으로 알고 있는 양쪽 장대에 줄을 매어놓고 줄 위에서 펼치는 공연이다.

중국의 공중서커스는 매우 다양하며 그중 가장 대표적인 것이 바로 줄타기와 장대타기이다. 산둥성 기남현에서 발견된 화상석 「악무백희도樂舞百戲圖」에는 한나라 시대에 민간에서 연행되었던 서커스의 모습이 생생하게 표현되어 있다. 음악과 춤과 다양한 공연이 한데 어우러지기 때문에 100가지나 되는 공연이라는 뜻으로 백희百戲라고 불렸다. 화상석에 조각된 모습만 보더라도 백희의 규모가 상당했던 것으로 여겨진다. 그중에는 공중서커스의 일종인 줄 위를 걷는 주삭走索과 이마에 장대를 올리고 장

다양한 공연이 펼쳐지고 있는 「악무백희도」의 전체 모습(위)과 「악무백희도」 중 줄 위를 걷는 주삭 공연 모습(왼쪽). ⓒ산동성문물고고연구소 편, 「산동기남한묘화상석山東沂南漢墓畫像石」

대 위에서 묘기를 펼치는 정간頂竿 공연도 있었다.

「악무백희도」에 조각된 주삭 공연은 단순히 한 명의 공연자가 줄 위를 걷는 모습이 아니다. 땅에 고정된 줄 위에는 세 명의 공연자가 보인다. 가운데 사람은 물구나무를 선 채 고개를 쳐들고 있고 양쪽에 있는 사람은 각각 장식된 나무 몽둥이를 들고 있다. 오른쪽 사람은 몽둥이를 앞으로 내밀며 전진하는 동작을 취하고, 왼쪽 사람은 몽둥이를 뒤로 젖힌 채 발을 내딛고 있어 좌우의 사람 둘이 줄 위에서 서로 결투하려는 것 같다. 높은 줄 위에서 중심을 잡으며 걷는 것도 놀라운데, 이들은 줄 위를 물구나무를 한 채 지나가기도 하고 줄 위에서 결투를 벌이기도 한다. 이 얼마나 숙련된 기술과 노력이 필요하겠는가! 이뿐만이 아니다. 안전장치가 있어야 할 줄 아래에는 칼 네 개가 꼿꼿하게 세워져 있다. 만약 줄에서 떨어진다면, 상상만 해도 아찔한 상황이 벌어질 것만 같다. 죄수가 말한 일반적인 줄타기도 쉬운 기예는 아닌 듯하다.

정간 공연은 두 가지의 서커스가 결합된 형태로 조각되어 있다. 우선 장대는 땅에 꽂혀 있는 것이 아니라 사람의 이마에 받쳐져 있다. 십자 모양의 장대를 이마에 받치고 있는 사람은 엄청난 힘을 가져야만 한다. 왜냐하면 장대 위에는 어린아이 세 명이 올라타고 있기 때문이다. 가로로 놓인 장대에는 각각 한끝마다 어린아이가 한 명씩 매달려 있다. 어린아이들은 장대에 다리를 걸치고 몸을 거꾸로 한 채 날아가는 새처럼 빙빙 돌고 있다. 세로로 놓인 장대 위에는 원반이 하나 놓여 있는데, 어린아이가 몸을 원반에 붙이고 빙글빙글 회전하고 있다. 장대를 이마에 올려놓은 사람은 한쪽 손으로는 장대를 잡고 다른 손으로는 균형을 잡는 모습이다. 어린아이들의 무게를 감당해야 해서 무릎에 힘을 주고 두 다리를 벌리고 있다.

「악무백희도」 중 이마에 장대를 올리고 장대 위에서 묘기를 펼치는 정간 공연 모습.
ⓒ산동성문물고고연구소 편, 「산동기남한묘화상석」

왕대낭王大娘이라는 기녀는 당나라 시대에 정간 공연으로 유명했다. 당나라에는 황실의 연회를 위해 춤과 노래, 각종 기예나 곡예를 훈련시키는 교방이라는 관청이 있었다. 이 교방 소속이었던 왕대낭은 현종과 양귀비 앞에서 정간 공연을 펼쳤다. 공연에서 왕대낭은 대략 300미터나 되는 장대를 이마에 올렸다. 300미터의 까마득한 장대 끝에는 신선들이 산다는 방장산과 영주산이 커다랗게 자리하고 있었다. 산이 얼마나 큰지 어린아이들은 붉은 부절을 들고 춤추고 노래하며 그 사이를 들락날락거렸다. 덕종 때에는 왕대낭이 머리에 올린 장대 위에서 어린아이 열여덟 명이 춤추고 노래하며 공중묘기를 펼쳤다고 한다. 커다란 산이 있는 장대를 이마에 대고 그 무게를 견디며 균형을 잡고 있는 왕대낭, 그리고 신선들이 산다는 산 사이를 오가며 공연을 펼치는 어린아이들의 모습! 아슬아슬한 공중서커스에 구경꾼들은 넋을 잃었을 것이다.

공중서커스는 놀라움을 선사하는 만큼 위험 부담도 컸다. 줄과 장대 높이가 높아질수록 더욱 위험해져서 떨어져 죽는 사고가 많았다. 그래서 송나라 시대부터는 이마에 장대를 받치는 정간 공연이 점차 사라지고 땅에 장대를 세우고 공연하게 되었다.

광장에서 극장으로

> 오획烏獲 같은 장사 무거운 솥 들어 올리고,
> 도로국都盧國 사람처럼 날래게 장대를 타고 오르네.
> 제비처럼 좁은 장애물 통과하는데,
> 꽂혀 있는 칼끝 사이로 가슴 스쳐 지나가네.
> 방울과 칼 여럿을 공중에서 돌리고,
> 양쪽에서 줄을 타며 줄 가운데에서 서로 만나네.

한나라 시대에 장형張衡은 「서경부西京賦」에서 넓고 평평한 광장에서 연출되는 각양각색의 서커스에 대해 노래했다. 잡기 또는 백희라는 명칭처럼 중국의 서커스는 광장이라는 열린 공간에서 다양한 프로그램을 펼쳤다. 광장의 한쪽에서는 무거운 솥을 들어 올리는 힘센 장사의 묘기가 펼쳐지고, 다른 쪽에서는 장대를 오르락내리락하는 장대 공연이 펼쳐진다. 도로국은 고대 미얀마의 왕국으로 추정되는데, 이미 한나라 시대에도 외국의 새로운 공연들이 중국에 들어와 공연이 다양화되고 있었다. 광장 이곳저곳에서 칼이 꽂혀 있는 좁은 장애물을 제비처럼 날쌔게 통과하는 사람도 있고 방울로 저글링을 하는 사람, 위험천만한 칼까지 위로 돌리는 사람,

줄타기 공연을 하는 사람도 보인다. 무대 위에서 공연 하나하나가 차례대로 연출되는 것이 아니라 광장 여기저기서 동시에 여러 프로그램이 펼쳐진다. 사람들은 광장을 돌아다니며 각자 관심 있는 공연을 본다. 특히 줄타기나 장대타기 같은 공중서커스는 위아래로 막힘이 없어서 공간의 제약을 받지 않는 광장에서 훨씬 자유롭게 공연을 펼칠 수 있다.

「서경부」는 광장을 달리는 놀이수레 프로그램에 대해서도 노래한다.

> 장대 꽂힌 놀이수레 나오는데,
> 어린아이들 오르락내리락 재주 부리네.
> 갑자기 거꾸로 떨어지다 발꿈치로 걸어 멈추니,
> 끊어졌다 다시 잇는 듯하네.
> 백 마리 말이 고삐를 가지런히 하고 발맞추어 나란히 달리네.
> 장대 위에서 재주 피우는 그 모습 변화무쌍 끝이 없네.

놀이수레란 수레에 갖가지 장치를 해놓고 달리는 수레 속에서 펼치는 공연이다. 놀이수레에는 주로 장대와 줄이 설치되어 수레가 달리는 중에 공중서커스가 이루어졌다. 달리는 수레 위에서 펼치는 공연이니 위험성과 속도감은 이루 말할 수 없을 정도였다. 놀이수레가 달리기 위해서는 넓

달리는 놀이수레에서 이루어지는 줄타기와 장대타기의 모습(平索戲車車騎畫像磚). ⓒ중국국가박물관

은 공간이 필요했고, 드넓은 광장에서는 퍼레이드까지 포함한 많은 공연이 가능했다.

중국 서커스는 대부분 광장이나 공터, 사찰 앞 등 야외에서 연행되었지만, 그렇다고 극장 같은 실내 공간에서 행해지는 공연이 없었던 건 아니다. 송나라 시대에는 지금의 공연장과 같은 와사瓦舍나 구란勾欄이 있었다. 와사는 상업적인 오락 프로그램을 공연한 구역으로, 와사 안에 개별 공연장소인 구란이 있었다. 와사와 구란 같은 실내에서의 공연뿐만 아니라 사대부들은 축하할 일이 있을 때면 집으로 공연단을 불렀기 때문에 가택 공연도 이루어졌다.

하지만 자유로운 공간을 필요로 하는 공중서커스는 여전히 야외에서 많이 공연되었다. 『동경몽화록東京夢華錄』에 따르면 송나라 황제가 보진루寶津樓에 오르자 보진루 앞의 광장에서는 무술을 동반한 갖가지 공연이 펼쳐졌다. 또한 『우초신지虞初新志』에는 청나라 시대에 유랑 극단이 구우九牛의 제방에 구경꾼들을 불러놓고 책상을 쌓아올리거나 줄타기를 하는 등 공중서커스를 연출했던 장면을 기록해놓았다.

광장을 중심으로 공연되던 공중서커스는 근대 이후 서양식 서커스가 들어오면서 변화를 맞는다. 서양식 서커스는 기본적으로 커다란 돔 형식의 건물인 극장에서 공연된다. 줄타기의 경우에도 지붕과 연결된 높은 곳에 튼튼한 쇠줄을 장치하게 되었다. 중국의 공중서커스가 땅을 바탕으로 하늘로 오르기라면, 서양은 그 중심이 공중에 있는 셈이다. 장대타기 역시 땅에 고정된 장대를 사용하는 것이 아니라, 땅에 고정하는 것은 물론 극장 천장에 쇠줄을 매달아 고정했다. 또한 장대를 오르는 사람의 몸에도 줄을 매달아 여러 명이 단체로 장대를 옮겨 다니며 공연할 수 있게 했다. 더욱 화려한 공중기술을 선보이게 된 것이다.

20세기 초 상하이에 있던 극장 대세계大世界에서는 서양의 극장식 서커스가 공연되었다. 중국의 서커스에 서양식 서커스가 가미된 공연을 보려는 사람들이 대세계로 몰려들었다. 반씨潘氏가 만든 반가반동자단潘家班童子團은 대세계에서 가장 인기 있는 공연 팀이었다. 반가반동자단은 어린아이들이 주축이 되어 펼치는 공연이었기 때문에 공중서커스 프로그램이 많았다. 공중에 매달린 아이吊子라든가, 공중에서 묘기를 펼치는 날아가는 나비飛胡蝶라든가, 공중에 설치된 그네를 타는 십자 공중그네十字飛人 같은 공연이 펼쳐졌고 관객들은 열광했다.

서커스에 스토리를 더하다

극장 무대 위의 손오공은 삼장법사를 구하러 황포 요괴의 동굴로 들어간다. 손오공 역을 맡은 이소춘李小春은 천으로 가려진 문을 향해 몸을 쭉 뻗어 날아간다. 이는 경극「지혜로 미후왕을 격분시키다智激美猴王」의 공연 장면이다. 명·청 시대에 민간에서 유행하던 서커스는 점차 인기가 떨어지자 생존을 위해 희곡 스토리 속으로 들어갔다. 희곡을 보러 극장으로 향했던 사람들은 스토리에 맞게 들어간 서커스의 화려한 볼거리를 즐겼다.

1980년대까지 인기를 누린 근대식 서커스는 미디어 산업의 발달로 점차 쇠락해갔다. 새로운 전환이 필요했다. 그리고 바로 그 시점에 '태양의 서커스' 같은 아트 서커스가 만들어졌다. 곡예를 중심으로 한 기존의 서커스 개념에서 완전히 탈바꿈하여 예술성을 강조하게 된 것이다. 캐나다에 본부를 둔 태양의 서커스는 현재 세계적으로 인기를 끌고 있다. 태양의 서커스가 이처럼 성공할 수 있었던 이유 중 하나는 바로 스토리텔링이다. 단순한 곡예의 나열이었던 레퍼토리의 변화를 위해 연극을 전공한 연출가 프랑코 드라고네를 섭외하여 서커스에 스토리를 삽입했다. 무대는 첨단

공중에서 펼쳐지는 동춘서커스단의 「비천」 중 한 장면. ⓒ동춘서커스단 누리집

기술의 힘을 빌려 더욱 화려하게 만들고, 스토리 중심으로 내용을 전개하면서 예술적 음악과 무용이 한데 어우러진 공연을 만들었다. 하나의 이야기 속에 세련된 의상, 현대적인 음악, 감각적인 무대 등을 엮어 '놀라운 볼거리'를 완성했다. 명·청 시대에 희곡 안으로 서커스가 들어왔다면, 지금은 서커스 안으로 스토리가 들어왔다. 거기에 첨단 기술을 활용한 매혹적인 무대는 덤이다.

'명불허전! 명품 공연, 아트 서커스의 세계로 당신을 초대합니다!' '동춘서커스 100년, 곡예사는 오늘도 천막극장 허공으로 몸을 던진다!' '동춘서커스, 한국판 태양의 서커스!' 우리나라에서도 인기를 누리던 많은 서커스단이 사라지고 100년의 세월을 견딘 동춘서커스단만이 그 명맥을 유지하고 있다. 동춘서커스단도 현대 서커스가 맞닥뜨린 현실적 문제를 해결하기 위해 태양의 서커스처럼 서커스와 스토리를 결합한 새로운 변화를 시도했다. 「뉴 홍길동」은 『홍길동전』의 스토리 라인을 따라 서커스를 결합시켜 만든 동춘서커스단의 야심작이다. 실크를 이용해 공중에서 펼치는 아크로바틱, 의자탑 위에서 물구나무서기, 줄타기, 두 남녀의 공중 로맨스를 다룬 「비천飛天」 등 서커스의 공연 종목들이 스토리와 자연스럽게 연결되도록 내용을 구성했다. 하지만 여러 시도에도 불구하고 여전히 과거의 영광을 되찾기엔 역부족이었다. 그나마 대부도에 상설 공연장이 있으니 서커스의 아찔함을 느끼고 싶다면 언제든지 찾아가볼 수 있다.

인간의 한계에 도전하는 서커스의 세계는 무궁무진하다. 초대형 작품으로 상업성과 대중성을 인정받은 태양의 서커스도 있고, 무용, 음악, 연극 등과 같은 장르를 결합해 예술성을 강조한 컨템포러리 서커스도 있다. 이제 서커스의 중심은 스토리에 있다. 「위대한 쇼맨」의 지상 최대의 쇼는 다양한 방식으로 오늘도 계속된다.

정민경

중국사회과학원에서 중국 문학을 전공하여 박사학위를 받았다. 현재 제주대학교 중어중문학과에서 교수로 재직 중이다. 중국 소설과 필기를 틈틈이 읽고 있으며 중국과 외국과의 문화 교류에도 관심이 많다. 지은 책으로 『옛이야기와 에듀테인먼트 콘텐츠』, 『중화미각』, 『중화명승』 등이 있고 옮긴 책으로 『태평광기』, 『우초신지』, 『풍속통의』, 『사치의 제국』, 『해국도지』, 『영환지략』 등이 있다.

빛과 그림자, 그림자에서 빛으로

그림자극 피영희

김명신

어린 시절, 가끔 저녁 무렵이 되면 밖에서 '불 꺼!' 혹은 '불 끄라니까요!'라고 외치는 소리를 들으며 자랐다. 그때는 왜 불을 꺼야 하는지 몰랐다. 그저 나에게는 그 시간이 길고 지루하지만 재미있게도 느껴졌다. 동생들과 나는 이불을 뒤집어쓰고 몰래 촛불을 켜 그림자놀이를 하며 기나긴 시간을 재미나게 보냈다. 이렇게 밤에 불을 꺼야 하는 행위가 등화관제燈火管制 훈련이라는 것은 한참 뒤, 어른이 되어서야 알았다.

등화관제 훈련은 1990년 11월 15일 이후 실시하지 않게 되었다고 한다. 통행금지와 마찬가지로 구시대의 유물로 여겨지면서 등화관제는 국민들의 경제활동과 일상생활에 불편을 준다고 하여 더 이상 시행되지 않았다. 그런데 2024년 한국 환경부에서는 '지구의 날'을 맞이하여 전국 소등 행사를 마련했다. 매년 4월 22일은 '지구의 날'이고 이날부터 1주일(4월 22~28일)은 '기후변화주간'이라고 하며 저녁 8시부터 10분간 소등하는 행사에 참여하라고 독려했다. 예전의 등화관제 훈련과 동일하지는 않지만 모두 함

어두울 때 만들어본 그림자놀이의 새 모양. ⓒ김명신

밝을 때 만들어본 그림자놀이의 새 모양. ⓒ김명이

장막 뒤에서 만들어본 그림자놀이의 개 모양. ⓒ김명신

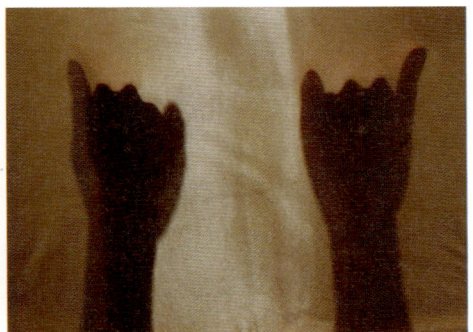
그림자놀이 중 나란히 있는 고양이 두 마리의 모양. ⓒ김명이

께 불을 끄게 되는 상황이 발생한 셈이다. 강제적인 훈련이었던 예전과 자발적인 참여를 유도하는 현재의 차이는 우리에게 여러 가지 생각을 하게 만든다.

그림자놀이는 새, 개, 고양이, 늑대 등 주로 동물의 형상을 만들어내는 아이들의 놀이 문화라고 할 수 있다. 그림자놀이는 아이들이 함께 놀기도 쉽고 도구가 거의 필요하지 않다. 어둠 속에서 하는 놀이지만 약간의 빛이 필요하기도 하다. 벽이나 판판한 면을 향해 손가락을 구부려서 다양한 그림자의 형태를 나타낼 수 있다. 우리 자매는 그림자를 보고 키득키득 웃음을 참아가며 이것은 새, 저것은 늑대, 저것은 개라고 정답을 맞혀가며 좋아했다. 부모님은 우리가 캄캄하고 어두운 시간을 그렇게 보내는 걸 안쓰

러워하며 야단도 치지 않고 그냥 놀도록 묵인해주셨다. 비록 예전의 등화관제가 사람들을 제어하는 훈련이긴 했지만 우리는 아무것도 모르고 재미있게 시간을 보낼 수 있다고 여겼다. 그렇지만 그림자놀이는 이제 아련한 추억의 놀이가 되어버렸다.

가죽으로 인형을 만들어서

알고 보니 중국에도 그림자놀이에서 발전된 그림자극 피영희皮影戱가 존재하고 있었다. 하지만 중국의 그림자극이 처음부터 피영희로 불린 건 아니다. 본래는 영희影戱로부터 시작되었다. 영희의 종류는 수영희手影戱, 지영희紙影戱, 피영희皮影戱가 있다. 수영희는 손가락을 이용한 그림자놀이이고, 지영희는 종이 인형으로 만들어내는 그림자놀이이며, 피영희는 가죽 인형으로 만들어내는 그림자놀이이다. 이러한 영희는 괴뢰희傀儡戱와 함께 희곡의 기원으로 지목되기도 한다. 영희는 빛과 막을 이용해 만든 그림자의 형태를 보여준다. 송대 내득옹耐得翁의 『도성기승都城紀勝』「와사중

청나라 요녕 지방희 「호접배蝴蝶杯」의 피영희 그룹. 가운데에 그림자극의 배경이 비친다. ⓒ다롄박물관

청나라 요녕 지방희 번방 藩邦의 여장군 인형. ⓒ다롄박물관

기瓦舍衆伎」조를 살펴보면 영희는 도성 사람들이 처음에는 생지를 오려 만들다가 나중에는 채색을 입힌 가죽으로 만들었다는 내용이 있어 영희의 발전 과정을 알려준다. 이렇듯 영희는 종이나 가죽으로 만든 평면 인형을 주로 이용하여 연출했고, 그중에서 가죽으로 만든 평면 인형을 이용한 피영희가 지영희보다 좀 더 오래가는 효용성이 있었으므로 지금까지도 공연하게 되었을 것이다.

중국의 영희는 어떻게 시작되었을까? 중국 내에서 시작되었다는 설과 외래에서 들어왔다는 설이 있다. 중국에서 시작되었다는 설은 주周나라 기원설, 한漢나라 기원설, 당오唐五나라 기원설, 송宋나라 기원설 등으로 분류된다. 주나라 기원설은 거의 추측에 가까운 학설이고 문헌 증거는 나타나지 않는다. 한나라 기원설은 그림자극을 위한 기술 조건을 구비했지만 여전히 초보적인 형태라고 할 수 있다. 당오나라 기원설은 영희와 속강俗講의 관련성을 찾아냈고 「장한가長恨歌」와 「등희燈戲」 시 등에 인용되어 가장 우세한 학설이다. 송나라 기원설은 고승高承의 『사물기원事物紀原』에서 북송北宋 인종仁宗 때 시작되었다고 언급했는데, 연출 솜씨가 너무 세련되어 영희의 직접적인 기원으로 보기에는 아무래도 무리가 있다. 외래에서 영희가 들어왔다는 설은 허지산許地山이 인도의 그림자극「도담가타都曇伽陀」가 남송南宋 영희에 영향을 주었다고 주장했는데 일부 영희에 국한된다. 이 점은 영희가 불교의 영향을 많이 받았음을 알려주는 지표이기도 하다.

원元나라 인종仁宗 때 시골 마을에서 야간에 관중을 모아놓고 노래하거나 기신새사祈神賽社하는 것에 대한 금지령을 여러 차례 반포했다고 한다. 이 점으로 볼 때 민간에서 피영희의 연출이 활발했을 가능성이 상당히 높다. 그러면 피영희가 어떻게 이처럼 번영하게 되었을까? 우선 사람이 하는 연극에 비해 필요한 인원수가 적었고, 두 번째로 도구나 장비가 번거롭지 않았으며, 세 번째로 무엇보다도 관람료가 저렴했다는 점이다. 그리하여 피영희는 관람객이 부담 없이 편하게 즐길 수 있는 공연이 되었다.

영희의 발원지는 산시陝西라고 알려지는데, 아직도 영희가 유행하고 있다. 산시 지역은 역사와 관련된 이야기가 주요한 내용으로 구성된다. 다른 지역에서는 재판 사건, 의협 이야기, 신기하고 이상한 내용 등이 다양하게 섞여 있다. 이에 덧붙여 피영희는 불교와 도교의 종교적인 색채를 가미해 사람들의 의식이 미묘하게 반응하도록 만들었다. 그리하여 종교 기관에서는 피영희를 이용해 사람들에게 손쉽게 포교를 하는 경우도 많았다.

한국의 만석중놀이

한국에서는 만석萬石중놀이가 중국의 피영희와 비견될 만한 전통 그림자놀이다. 만석중놀이는 망석忘釋중이극劇이라고도 하는데, 음력 4월 초파일에 개성 지방에서 공연되었던 인형극 놀이이다. 만석중, 사슴, 노루, 용, 인어 모양의 인형을 조종하며 즐겼다고 한다. 불도를 망쳤거나 잊어버린 승려를 우롱함으로써 사람들에게 경각심을 불러일으키기 위해 시작되었다고 알려졌다. 불교와 관련된 만석중놀이는 이처럼 사람들에게 불교의 포교와 교화를 위한 목적을 가지고 있었다. 주로 사찰을 방문한 민간인들이 많이 관람했을 것으로 보인다. 불교에 거부감을 가지지 않는, 불교에 친화적인 사람이라면 만석중놀이는 즐겁고 편하게 볼 수 있는 공연이다.

만석중은 망석중이라고도 하는데 정확한 어원은 알 수 없고, 그 의미는 나무로 만든 꼭두각시의 하나로 인형을 뜻한다. '만석승희蔓碩僧戱'라고도 하는 만석중놀이에는 스님이 화청和請을 하여 불교의 교리를 쉽게 풀이하는 노래와 운심게작법運心偈作法이라는 춤이 어우러진다. 불교 무용인 운심게작법은 나비춤의 하나로 알려진다. 다시 말하자면, 만석중놀이는 노래와 춤이 포함되어 있지만 서로 간의 대화가 없는 무언無言의 그림자 인형극이다. 김재철의 『조선연극사』에 따르면 만석중놀이는 고려시대의 연등회에서 내려오는 풍습으로서 4월 초파일에 공연하며 반주하는 음악과 조화되어 인형이 움직이게 되면 관중이 저절로 이해하게 되는 무언의 인형극이라고 했다. 『조선연극사』는 한국 최초의 연극사 저술로 1931년 4월 15일부터 7월 17일까지 〈동아일보〉에 발표되었고 1933년 5월 조선어문학회가 단행본으로 간행했다. 이후 1939년 학예사에서 재간행했는데 한국 희곡사의 윤곽을 알게 만든 책으로 평가된다.

민중에게 불교를 포교하는 모습을 보여주는 한국의 만석중놀이. ©한국민속극박물관

만석중놀이는 조선시대에 사찰과 민가에서 공연되다가 일제 강점기에 단절되었다. 1983년 민속학자 심우성 선생이 스님과 남사당패 원로의 증언을 바탕으로 만석중놀이를 재현했다고 한다. 이렇게 간신히 재현했는데도 불구하고 안타깝게도 지금까지 무형문화재로 지정받지 못했다. 반면에 중국의 그림자극 피영희는 2011년 유네스코 인류무형문화유산으로 등재되었으니 참으로 아쉬운 상황이다. 한편 2012년 〈한라일보〉 신춘문예 당선작 강성오의 「그림자놀이」는 만석중놀이를 소재로 삼아 상당히 흥미롭게 서술하고 있어서 전통 예술 만석중놀이의 미래가 결코 어둡지는 않을 거라고 여겨진다.

　중국의 피영희는 현재 베이징의 라오서차관 老舍茶館에서도 공연되고 있다. 라오서차관 등에서 공연되는 피영희는 『삼국지연의』와 같은 역사적 사실, 판관 포청천 包青天의 명판결, 손오공 孫悟空이 등장하는 신기하고 환상적인 세계, 『수호전 水滸傳』의 무송 武松이 호랑이를 잡는 호쾌함, 동물이 등장하는 교훈적인 우화, 애국시인 굴원 屈原 등등 다양한 내용으로 구성되어 있다. 피영희의 공연 시간은 30분으로 상당히 짧아서 아주 편하게 관람할 수 있다. 일종의 그림자 인형극이기 때문에 내용이 유치하다고 생각해 썩 좋아하지 않는 사람들도 있지만 남녀노소 모두 편하게 즐기며 쉽게 이해할 수 있는 공연이다.

문화대혁명이라는 폭풍

　중국 영화 「인생」을 보면 남자 주인공 거요우 葛優가 피영희를 공연하고 있는데, 수많은 남녀노소가 옹기종기 모여 즐기고 있는 장면이 있다. 「인생」은 중국의 5세대 감독 장이머우 張藝謀가 위화 余華의 소설 『인생 活着』을

그림자극을 연출하는 장인의 손놀림. ⓒ shutterstock

바탕으로 만든 영화이다. 거요우와 공리鞏俐 주연으로 1994년에 제작되었고 그해 칸 영화제에서 심사위원 대상을 받았다.

영화의 내용은 대략 1940년대, 1950년대와 1960년대~1970년대로 나뉜다. 1940년대 중국에서 부유한 지주의 아들로 태어난 푸구이福贵(거요우)는 경제적으로 풍족하고 아름다운 아내 자전家珍(공리)까지 있는 남부러울 것 없는 사람이다. 그런 그에게 도박에 심취하는 나쁜 버릇이 있었으니, 결국 모든 재산을 잃게 되고 아내는 그를 만류하다가 지쳐 떠나버린다. 그러는 중에 아버지마저 전 재산을 잃은 충격으로 숨을 거두게 되고 그는 절망에 빠져 후회한다. 이후 삶의 의욕을 잃은 푸구이에게 아내 자전이 아이들을 데리고 돌아오고, 푸구이는 생계를 이어나가기 위해 취미에 불과했던 그림자극 피영희를 공연하기 시작한다.

반짝이는 비단옷을 입고 다 큰 어른임에도 덩치가 큰 하인에게 업혀 다니던 푸구이는 남루한 옷을 입고 얼후二胡를 연주하며 노래하고 그림자극을 공연한다. 푸구이의 그림자극 피영희는 사람들에게 상당히 인기를 끌었고 생계에도 많은 도움이 되어 가족의 얼굴이 밝아지고 웃음꽃이 핀다. 하지만 중국 내에서 전쟁이 시작되면서 그는 공연을 못하게 된다. 영화에서 군인들이 하얀 천막(스크린 대용)을 아무렇게나 칼로 죽죽 찢어버리는 대목은 가슴이 섬뜩해지는 장면이다. 또한 어느 순간에나 오로지 생존에 여념이 없는 아내 자전이 남의 눈을 피해 그림자극의 소품을 황급히 태울 때, 그것을 보는 푸구이의 눈과 표정은 정치라는 태풍을 만난 예인의 형언할 수 없는 놀라움과 당혹감을 웅변한다.

이후 피영희는 문화대혁명으로 인해 사람들 주변에서 사라지게 된다. 문화대혁명은 1966년 5월 16일부터 1976년 10월 6일 문혁 4인방의 북경 정변까지 중화인민공화국에서 벌어졌던 대규모의 전통문화 파괴 운동이다. 참으로 혹독했던 그 시기에 중국의 수많은 지식인이 목숨을 잃거나 고난을 겪었고 수천 년의 역사를 가진 문화가 말살되거나 억압되었다. 이러한 폭력과 핍박의 사건은 사회뿐만 아니라 가정에서도 일어났다.

문득 어느 후배의 얘기가 생각난다. 그녀는 중학생이었을 때도 종이 인형 놀이를 좋아해서 혼자서 즐겨 놀았다. 그런데 그녀의 어머니는 그걸 못마땅하게 여기고 어느 날 갑자기 종이 인형을 불태워 없애버렸다. 나중에 그 사실을 안 후배는 어머니에게 항의했지만 불태워진 종이 인형은 돌아오지 않았다. 어머니는 그녀에게 이제 나이가 들었으니 어린애와 같은 놀이는 그만두라고 말할 수도 있었을 것이다. 아니면 시간을 정해두고 가끔씩 인형 놀이를 하는 게 어떠냐고 말했어야 했다. 그런데 아무런 의논이나 경고도 없이 딸의 물건을 단박에 없애버렸으니 얼마나 가혹한 행위인가! 결국 어머니는 미안하다고 말했지만 상심한 딸의 마음을 달래줄 수는 없었다.

문화대혁명은 '혁명'이라는 말로 그럴듯하게 포장하여 공산주의 체제에 방해가 되는 모든 사물을 파괴하려 했고 부분적으로는 성공했다. 왜 그

때 피영희가 희생양이 되었을까? 피영희는 아이부터 어른까지 즐길 수 있는 놀이였고, 내용상으로 선과 악이 뚜렷하여 정확한 메시지를 전달할 수 있으니 사상적으로 굉장히 위험한 예술이라고 여겼을까? 피영희는 그 기간에 희생된 전통 예술 중 하나였고 그 후 다시 공연되고 복원되기까지는 상당한 시간이 걸렸다. 그래도 사람들이 상당히 애호했기에 그토록 핍박받았음에도 현재까지 명맥을 이어오고 있으니 정말 다행스러운 일이다.

빛과 그림자는 동시에 존재하는 것

중국의 피영희는 더 이상 중국 내에서만 알려지고 공연되는 예술이 아니다. 전 세계에 알려져 있고 한국에서도 다양한 매체와 작품에서 활용되는 문화이다. 2014년에 방영된 한국 드라마 「기황후」 40회에서는 배우 하지원과 지창욱이 피영희를 관람하는 장면이 나온다. 그리고 웹 소설 「일언무적一言無敵」의 144화와 145화에도 그림자극 피영희에 대한 내용이 있다. 사람들이 악양성 시장에서 그림자극 피영희를 보고 야시장을 돌아다니는 장면이 있고 남자 주인공 진사옥이 '저잣거리에서 그림자극의 주인공이 되어 악당을 물리치는 영웅으로 기억될 수 있다'고 말하기도 한다. 또한 중국에서 1995년에 특종 우표로 피영희 우표를 제작했는데, 우리나라의 초등학교 교과서에 피영희 우표가 소개되기도 했다. 이러한 면을 보면 중국의 그림자극 피영희가 이미 한국 내에 널리 알려졌다는 사실을 알 수 있다.

빛은 늘 존재하고 그림자 역시 그렇다. 사람들은 밝은 빛을 선호하고 어두운 그림자는 좋아하지 않는다. 그렇다면 그림자는 어둡고 음침해서 피하고 없애야 하는 것일까? 그럴 수는 없다. 그림자도 빛과 마찬가지로 소중하고 의미 있다. 그림자가 없으면 빛이 존재할 수 없다. 그림자는 결국 동전의 양면처럼 빛의 또 다른 한쪽인 것이다. 빛과 그림자는 동시에 존재할 수밖에 없다. 피영희는 빛과 그림자를 이용한 극으로서 사람들의 사랑을 받고 있다. 한때 핍박받고 사람들의 뇌리에서 사라질 뻔했던 문화유산이지만 지금은 오뚝이처럼 일어나 남녀노소 누구나 즐겁게 감상하고 향유하게 되었다.

세상은 변화하고 있다. 서로가 다름을 인정하는 세상이 되었다. 피영희는 뒤에서 조종하는 장인이 있고 사람들은 그림자를 통해 이야기를 인식하게 되는데, 사람들에게 하얀 천막 위에서 명확한 사실을 전달한다. 지금은 선과 악, 흑과 백, 같음과 다름의 경계가 모호해지면서 그림자극 피영희의 역할이 다소 약해진 듯한 느낌도 든다. 그럴더라도 빛과 그림자를 동시에 이용해 관객의 마음을 사로잡는 피영희의 매력은 여전하다. 그렇기에 유네스코 인류무형문화유산으로 등재될 수 있었고, 앞으로도 핍박이나 말살의 위험에서 벗어나 사람들의 보호와 사랑을 받으며 계속 남녀노소 누구나 즐기는 놀이 형태로 남을 것이다.

김명신

고려대학교에서 문학박사학위를 받았고, 현재 한양대학교 창의융합교육원과 강남대학교 중국콘텐츠비즈니스학과에서 강의하고 있다. 지금까지 중국 소설의 판본, 서사, 문화와 관련된 연구를 진행했으며, 한·중 소설의 비교에도 지대한 관심을 가지고 있다. 아울러 인물의 특징과 이미지의 변용에 주목하여 애니메이션, 영화 등에 재현된 형상을 탐구했다. 최근에는 희귀본 중국 소설의 판본 연구와 작품의 환상서사를 분석하는 데 주력하고 있다. 지은 책으로 『중국 통속소설의 유입과 수용』, 『새롭게 다시 쓰는 중국어 이야기』, 『중화미각』, 『중화명승』 등이 있고 옮긴 책으로 『아녀영웅전』, 『희망의 빛으로』, 『풍속통의』 등이 있다.

05

얼굴 없는 배우의 천의 목소리

구기

이민숙

2019년 후난 텔레비전의 경연 프로그램인 「전봉지야 巓峰之夜」에 한 구기 공연자가 출연했다. 「전봉지야」는 영국의 「브리튼즈 갓 탤런트 Britain's Got Talent」의 중국 버전이다. 공연자가 무대에 등장하자 여자 심사위원이 무대로 나와 사회자에게 구기 시합을 제안하면서 상황을 연출한다. "오늘 날씨가 너무 화창하네요. 오토바이를 타고 바람이나 쐬러 가볼까요?" 그 순간 사회자와 공연자가 함께 '탁! 부릉부릉!' 시동 거는 소리를 낸다. 갑자기 "아야! 바퀴가 빠졌네!"라고 호들갑을 떨자, 바로 렌치와 잭으로 바퀴의 너트를 갈고 조이는 '칙칙, 탁탁, 드러럭!' 하는 소리가 들린다. 바퀴가 뜻대로 수리되지 않는지, 느닷없이 로켓을 타고 가겠다고 난리다. 말이 떨어지기가 무섭게 "쓰리! 투! 원!" 카운트다운과 함께 '부웅! 쾅~쾅~! 휘이~ 슈웅!' 하고 로켓이 하늘을 뚫고 올라가는 소리가 들린다. 이번에는 심장에 무리가 갔다며 구급차를 불러댔다. 그 순간 양쪽에서 구급차가 '삐용! 삐용!' 사이렌을 울리며 달려오는 소리가 들린다. 이것은 모두 구기

공연자가 내는 소리이다.

구기口技는 말 그대로 입 기술이다. 하늘로부터 받은 천연 악기인 목소리로 부리는 재주, 바로 성대모사이다. '성대모사' 하면 누군가는 뱃고동 소리와 여러 동물의 소리를 기막히게 흉내 냈던 코미디언 남보원과 백남봉을 떠올릴 것이고, 누군가는 배우들의 목소리를 모사하는 개그맨 정성호를 떠올릴 것이다. 또 누군가는 드럼, 베이스, 심지어는 음향 효과까지 멋들어지게 만들어내는 비트박서 빅맨Bigman을 떠올릴 것이고, 누군가는 목소리만으로 음악을 하는 아카펠라 그룹 펜타토닉스Pentatonix를 떠올릴 것이다. 그러나 구기는 단순한 성대모사가 아닌 중국의 전통 공연 예술로, 지금도 사람들에게 여전히 인기가 많다. 구기는 소리를 '모사하다' 혹은 '본뜨다'라는 의미에서 초성肖聲, 상성相聲, 상성象聲, 상성像聲이라고도 불렸다. 또한 병풍을 가리고 하는 공연이라는 의미에서 격벽희隔壁戲, 입으로 내는 전통 예술이라는 의미에서 구희口戲라고도 했다. 구기가 이렇게 다양한 명칭으로 불렸다는 것으로 보아 그 속에 담긴 이야기가 많고, 이를 향유하는 계층이 폭넓었음을 알 수 있다.

소리 모사, 사람을 살리다

구기는 목소리로 하는 기예이다. 탁자 하나, 의자 하나, 부채 하나, 공연의 시작을 알리는 나무토막인 무척撫尺 하나만 있으면 언제 어디서든 공연을 할 수 있다. 구기 예인은 새나 짐승의 소리, 사람의 목소리, 전국 각지의 사투리 모사에서부터 일상생활에서 일어나는 모든 소리를 모사한다. 그래서 때로는 저항하는 시인, 때로는 정인을 그리워하는 사랑꾼, 때로는 칭얼대는 아이, 때로는 황제, 때로는 닭을 비롯한 가축이 되기도 한다. 그뿐

구기 공연의 무대장치는 팔선탁 하나, 의자 하나, 무척 하나, 부채 하나로 충분하다. (생성형 AI 이미지)

인가. 아이가 젖을 문 채 우는 소리, 남녀의 입맞춤 소리, 오줌통에서 나는 소리 등도 낸다. 그러니 구기를 단순히 성대모사에 뛰어난 사람의 잔재주 정도로 생각하는 것은 정말로 합당하지 않다.

구기는 휘파람 소리에서 시작되었다고도 하고, 사냥을 할 때 짐승을 몰며 사냥감의 울음소리를 흉내 낸 데서 시작되었다고도 한다. 그러나 구기의 효용적 가치로 본다면 맹상군孟嘗君의 문하에 있었던 빈객들이 낸 계명구도鷄鳴狗盜 이야기가 으뜸일 것이다.

전국시대 4대 공자 중 한 명인 제나라의 전문田文은 맹상군이라는 이름으로 우리에게 더 잘 알려진 인물이다. 맹상군은 제나라의 재상 전영田嬰의 첩의 몸에서 태어난 보잘것없는 아이였다. 그러나 타고난 판단력과 혜안 덕분에 훗날 집안일을 돌보고 빈객 접대하는 일을 맡았다. 진나라의 소왕은 맹상군이 현명하다는 소문을 듣고 진나라의 재상으로 초빙하려고 그를 불렀다.

하지만 소왕은 제나라 출신인 맹상군이 어떻게 진나라를 위해 일할 수 있겠냐는 주변 사람들의 반대에 부딪혀 마침내 그를 죽이기로 결심했다. 맹상군은 생명의 위협을 느끼고 소왕의 애첩에게 도움을 청했다. 애첩은 여우 겨드랑이의 흰 털로 만든 가죽옷을 요구했다. 이 옷은 천하에 둘도 없는 귀한 옷으로 이미 소왕에게 바친 상태였다. 꼼짝없이 죽게 생긴 맹상군은 망연자실했다. 그때 맹상군을 수행했던 빈객이 나섰다. 그는 평소 개 흉내를 내며 좀도둑질을 하는 자였다. 그러니 개가 흥분하거나 긴장할 때 내는 신경질적이고 불안정한 소리, 행복할 때 꼬리를 흔들며 내는 소리, 배가 부르고 평화로울 때 내는 부드럽고 차분한 소리를 누구보다도 잘 알았을 것이다. 상상컨대 그는 세상 어떤 개보다도 행복한 소리를 내면서 유유히 진나라 궁궐의 창고로 잠입해 가죽옷을 훔쳤을 것이다. 맹상군은 그것을 소왕의 애첩에게 바치고 그 길로 풀려나 말을 타고 함곡관函谷關으로 달아났다.

함곡관은 진나라와 다른 나라들의 경계에 위치한 곳으로, 제나라로 돌아가려면 반드시 지나가야 하는 길목이었다. 지금이야 여권만 있으면 국경을 통과하기가 어렵지 않지만, 당시에는 첫닭이 울어야 관문이 열렸다. 그때 또 다른 구세주가 등장했다. 그는 닭 울음소리를 잘 내는 빈객이었다. 그가 '꼬기오!' 하고 울자 인근의 닭들도 일제히 따라 울었다. 그러니 관문을 지키는 군사들이 아무런 의심 없이 문을 열어주었음은 당연하지 않겠는가. 누가 이들 군사를 탓할 수 있겠는가. 맹상군은 그렇게 제나라로 무사히 돌아올 수 있었다.

이 두 빈객은 평소 다른 이들로부터 하찮은 재주를 가진 사람으로 치부되어 어떤 대접도 받지 못했다. 그런데 이들 덕분에 맹상군은 두 번이나 죽을 고비를 넘길 수 있었다. 도대체 개 짖는 소리가 얼마나 진짜 같았으면 군사들이 그가 창고에 들어가는 것도 몰랐을까? 또 닭 울음소리가 얼마나 자연스러웠으면 주변의 닭들까지 따라 울었을까? 이와 같은 극적인 상황이 없었다면 이들은 진즉에 맹상군에게 내쳐졌을지도 모른다. 또한 그들의 재주는 아무도 인정해주지 않는, 쉽게 잊힐 수 있는 작은 기술에 불과했을 것이다. 결국 이들의 소리는 단순한 성대모사가 아니라 한 사람의 목숨을 구하고 나라를 구한 하늘이 내린 소리였던 것이다.

하늘을 나는 새들이 화답하는 소리

2012년 우리나라의 드라마 「해를 품은 달」에서 구기가 소개된 적이 있다. 가례를 앞두고 가족 없이 혼자 궁궐에 들어와 있는 세자빈 연우가 외로울까 염려하여 세자 이훤이 마련한 공연이 바로 구기였다. '구기는 한 사람이 여러 소리를 흉내 내어 청중을 즐겁게 하는 기예'라는 자막이 달려 나왔다. 자막의 내용이 틀렸다고는 할 수 없으나, 실제 구기 공연은 설명과 달리 인형극이었다. 이는 조선시대에도 구기가 유행했음을 보여주는 사례일 것이다.

얼굴을 드러내고 동물과 새소리를 모사하는 명구 장면.(생성형 AI 이미지)

구기는 크게 사람들을 대면한 채 하는 명구明口와 얼굴을 가리고 하는 암구暗口로 나뉜다. 명구는 말 그대로 얼굴을 드러내놓고 하는 구기이다. 구기 발전의 초기에 나온 형태이지만, 지금도 여전히 인기가 높다. 명구는 현장에서 능력을 검증받는 구기이기 때문에 주로 사람들이 잘 알고 있는 대상을 모사한다. 예를 들어 새나 개 같은 짐승의 소리, 일상에서 자주 들을 수 있는 소리, 전국 각지의 사투리 등이다.

구기가 정식으로 무대에 등장한 것은 송나라 때의 일이다. 당시 중국의 인구는 이미 1억 명이 넘었으며, 상업 경제가 상당히 발달했다. 먹고살 만하면 사람들은 자신의 삶의 질을 향상시키는 데 집중하기 마련이다. 당시 사람들도 마찬가지였다. 그들은 시장이나 오늘날의 공연장에 해당하는 와사瓦舍나 구란句欄을 찾아가 자신이 좋아하는 기예를 구경했다.

구기는 당시 사람들이 매우 즐긴 기예 중 하나였다. 특히 '백금명百禽鳴'은 온갖 새소리를 모사하는 구기의 대표적 기예로, 신분의 고하를 막론하고 누구나 좋아했다. 『동경몽화록東京夢華錄』에 따르면 송나라 휘종이 자신의 생일인 천녕절天寧節에 '백금명'을 하도록 했는데, 음악이 연주되기 전에 집영전集英殿에서 궁중 예인들이 '백금명'을 하면 하늘에서 날아가던 새들이 그 소리에 화답했다고 한다. 또한 동물 조련으로 당시 공연장에서 이름을 날린 설씨 노인薛翁은 휘종이 새를 좋아한다는 것을 알고 직접 궁궐의 정원으로 들어가 새를 조련시켰다. 그는 큰 쟁반에 쌀과 고기를 쌓아두고 새의 울음소리를 모사해 새를 불러들이곤 했다.

결국 그는 휘종의 의장대가 나타났을 때 새들을 그 앞으로 모여들게 해 관직을 하사받았는데, 그의 새소리 모사가 상당했음을 알려주는 이야기이다.

명구는 청나라에 와서도 여전히 인기가 높았다. 새소리 모사는 시대를 막론하고 누구나 좋아했는데, 청나라의 화미양畫眉楊은 그 분야에서 최고였다. 그는 사람의 눈물을 자아낼 정도로 닭, 귀뚜라미, 꾀꼬리 소리를 뛰어나게 모사했으며, 특히 화미조畵眉鳥의 소리를 잘 흉내 내어 화미양이라 불렸다고 전해진다. 화미조는 글자 그대로 눈썹을 그린 새로, 눈 주변에 선명한 흰색 줄무늬를 가지고 있다. 송나라 때의 문인 구양수歐陽修의 시 「화미조」에 따르면 '온갖 소리 조잘대며 제멋대로 날아다니는' 화미조는 목청이 아주 맑고 카랑카랑하다. 명나라 중종 역시 그 맑은 소리에 반해 화미조를 새장에 한 마리씩 넣어 궁궐 곳곳에 둘 정도로 아꼈다고 한다. 그러니 화미양은 화미조 같은 좋은 목소리를 가진 양씨가 새소리를 잘 낸다는 의미에서 붙여진 이름이라고 보아도 좋을 것이다.

궁중 예인이나 화미양의 공연이 시작되면 사람들은 자기도 모르게 그들의 재주에 사로잡힌다. 배우들은 사람들이 자신에게 무엇을 기대하고 무엇을 너그럽게 봐줄지를 알기라도 하는 듯, 기가 막히게 소리를 모사한다. 모사 대상과 얼마나 똑같은 소리를 내는지에 따라 사람들의 환호가 달라진다. 사실 소리 모사는 특별히 새로울 것이 없는 기예이지만 사람들은 모두 홀딱 빠진다. 사람은 누구나 발성 기관을 가지고 태어난다. 그리고 소리 모사에 뛰어난 사람을 보면 한 번쯤은 그들을 따라 해본다. 그러나 이내 스스로의 한계를 알아차린다. 동시에 구기에 공을 들인 예인의 시간을 짐작하고, 그들이 인간 신체의 극한적 가능성을 얼마나 감동적으로 보여주는지도 알게 된다. 사람들은 그들의 노력에 박수를 보낸다.

목소리로 마음을 훔치다

청나라 때에 와서 구기는 암구가 유행했다. 암구는 입이 보이지 않는 구기로, 장막이나 병풍을 가려놓고 공연하기 때문에 격벽희라고도 불렸다. 북경에서는 상성희象聲戲, 항주에서는 격벽희, 남경에서는 설흑화說黑話,

사천에서는 피단희被單戲라고도 불렸는데, 이렇듯 구기는 남북을 막론하고 인기가 높았다. 같은 구기이지만 암구는 사람들을 대면하는 명구와 그 느낌이 천양지차이다. 명말청초에 임사환林嗣環이 쓴 「추성시자서秋聲詩自序」를 보면 격벽희의 명장면이 나온다. 이 작품은 '구기口技'라는 이름으로 현재 중국 중학교 교과서에도 실려 있을 정도로 뛰어난 산문이다.

먼저 가리개나 병풍 등을 펼쳐놓은 뒤, 배우가 안에서 자리를 잡고 앉으면 사람들이 따라서 그 주위에 둘러앉는다. 잠시 뒤에 가리개 안에서 '탁 탁!' 하고 공연이 시작됨을 알리는 무척 소리가 들린다.

> 깊은 골목에서 개 짖는 소리가 멀리서 들리더니 곧이어 부인이 잠에서 깨어 기지개를 켜고는 남편을 흔들며 외설스러운 이야기를 했지요. 남편은 잠꼬대를 하면서 처음에는 그다지 응하지 않았으나 아내가 계속 흔들자 두 사람의 말소리가 점점 섞이더니 침대가 그 안에서 삐걱거렸습니다.

예인은 세상에서 가장 아름다우면서 은밀한 소리로 사람들의 호기심을 단박에 사로잡았다. 모두 숨을 죽이고 경청한다. 누군가는 정인과 나눈 사랑을, 누군가는 아내와의 사랑을 떠올리며 저마다 상상의 나래를 한껏 펼친다. 흡족한 표정으로 공연을 듣다가, 순간 자신의 속마음을 들키기라도 한 듯 침을 꼴깍 삼키면서 옆 사람을 곁눈질한다.

그때 갑자기 아이가 깨어나 우는데, 부부도 화들짝 놀라고 사람들도 당황한다. 남편이 일어나 오줌을 누고 아내도 아이를 안고 일어나 오줌을 눈다. 그 사이 큰아이가 깨어나 낑낑거리며 칭얼거린다. 급히 아내가 손으로 아이를 토닥이는 소리, 울지 말라고 입으로 달래는 소리, 아이가 젖을 문 채 우는 소리, 남편이 큰아이를 꾸짖는 소리가 동시에 어우러진다. 부부가 놀란 아이들을 겨우 달래 재우고 잠이 들면 이번에는 주위의 온갖 소리가 들린다. 쥐가 찍찍대는 소리, 대야 넘어지는 소리, 아내가 꿈속에서 기침하는 소리까지. 한바탕 일을 치른 뒤라 세상 달게 자는 순간 갑자기 '불이야!'라는 외침이 들린다.

> 1,000여 명의 사람들이 고함치고, 1,000여 명의 아이들이 울어대고, 1,000여 마리의 개들이 짖어댔습니다. 서로 밀치며 넘어지는 소리, 폭발하는 소리, 휘휘 바람 소리……. 또 여자들이 구해달라고 외치는 소리, '영차! 영차!' 방에서 끌어내는 소리, 약탈하는 소리, 물 뿌리는 소리도 섞여 있었지요.

사람들은 너나없이 얼굴색이 확 변해 자리를 뜨려고 아우성이다. 소매를 휘날리고, 팔을 걷어붙이고, 양다리를 덜덜 떨면서. 그때 갑자기 '탁탁!' 무척 치는 소리가 나면서 온갖 소리가 일순간 그치고 고요해진다. 무척 소리에 홀린 듯 사람들도 그대로 정지 상태가 된다. 서로의 얼굴을 쳐다보면서 자신들이 공연을 듣고 있었음을 깨닫는다. 이 뜻밖의 상황에 사람들은 너털웃음을 터뜨린다. 배우의 목소리에 스스로 반응하여 배우와 일체가 된 순간이다.

한바탕 공연을 들은 사람들은 뉘라고 할 것 없이 자신들을 쥐락펴락하는 예인들의 존재가 궁금해진다. 사실 가리개를 치우기 전까지는 몇 명의 예인이 안에 있는지

청나라 때의 격벽희 공연을 들으면서 관객들이 머릿속으로 상상하는 장면.(생성형 AI 이미지)

모른다. 그저 한껏 기대하며 이처럼 뛰어난 예인들은 과연 누구인지 직접 보려고 고개를 빼고 눈알을 굴린다. 그런데 가리개를 치우는 순간, 예기치 못한 상황이 벌어진다. 무대에는 탁자 하나, 의자 하나, 부채 하나, 무척을 든 배우 한 명이 있을 뿐이다. 사람들은 눈앞의 광경을 믿지 못하겠다는 표정이다. 그 모든 소리가 한 사람이 낸 소리라고! 격벽희의 예인은 이렇게 목소리 하나로 승부를 본다. 아무런 동작 없이 상황을 스스로 상상해 연기하면서 목소리를 판다.

구기, 대중 속으로 파고들다

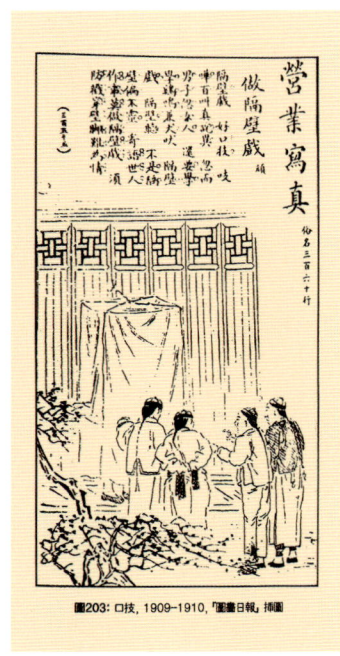

청대 격벽희의 광고. ⓒ 안상복, 『중국의 전통잡기』

2011년 중국은 구기를 중국 비물질문화유산, 즉 무형문화유산으로 등록함으로써 계승해야 할 전통 예술로 자리매김하게 했다. 구기는 목소리 하나로 모든 것을 표현하는 기예이다. 얼굴을 드러내는 명구나 얼굴을 가리는 격벽희나 모두 그러하다. 특히 격벽희는 청나라 말기와 중화민국 초기에 큰 인기를 누렸는데, 공연장뿐 아니라 일반 가정집에서도 예인을 초빙하여 공연할 정도였다.

대문호 루쉰魯迅도 어머니의 생신을 기념하며 격벽희 예인들을 초대했다고 전해진다. 그러나 시간이 흐르면서 격벽희와 명구의 운명은 달라졌다. 마음으로 느끼는 심상 예술인 격벽희는 차츰 모습을 감춘 반면, 성대를 이용한 몸의 예술인 명구는 더욱 발전하면서 오늘날 구기의 대명사가 되었다.

구기는 공연장에 모인 사람들의 호응도와 분위기에 따라 다양한 볼거리와 들을 거리가 제공되는, 현장성이 강조되는 기예이다. 그래서 텍스트가 따로 없고 이를 알려주는 스승도 제자도 찾기 힘든, 전승이 어려운 기예이다. 하지만 구기는 세상에서 가장 신비롭고 따스한 무기인 목소리 덕분에 지금까지 그 명맥을 이어오고 있다. 사람은 본래 놀이하는 존재, 이른바 '호모 루덴스'라고 하는데, 정말로 누구나 놀이를 향한 욕구를 지니고 있는 듯하다. 생존 활동과 달리 놀이에는 자유로움, 여유와 휴식, 즐거움이 묻어난다. 그래서 사람들은 예나 지금이나 고단한 일상 속에서 잠시 숨을 돌릴 수 있는 자기만의 재미를 추구하거나, 함께 모여 기예나 공연을 보며 위로를 받는 것 같다. 목소리 하나로 사람의 마음을 훔치고 홀리는 구기도 그중 하나다. 늘 이렇다 할 스승과 제자가 없다고 안타까워하지만, 구기의 생명력은 놀이가 주는 자유와 즐거움을 사랑하는 인간의 본능과 맞닿아 있는 것이다.

길짐승이나 날짐승의 소리를 많이 모사한 과거와 달리, 오늘날의 구기 예인들은 사람의 목소리, 동물의 소리, 자연의 소리, 기계 소리 등 다양한 소리를 재현하고 있다. 소리가 다양해진 만큼이나 감상하는 방법도 다양해졌다. 베이징의 명소로 꼽히는 라오서차관老舍茶館 같은 찻집에서 구기를 듣기도 하고, 텔레비전이나 동영상 등 다양한 대중매체를 통해 감상하기도 한다. 구기에 대한 관심이 많아지면서 직접 도전하는 사람도 늘어났는데, 최근 눈길을 사로잡는 아마추어 구기 예인들이 나타났다. 형제간인 그들은 구기를 통해 서로 소통한다. 때로는 리듬이 맞지 않거나 협력이 부족해 어색하고 서투른 순간도 있지만, 그로 인해 오히려 웃음이 배가된다.

베이징의 명소 라오서차관과 그곳에서 펼쳐지는 전통 예술 공연. ⓒ송정화

잠시 뒤 시행착오를 극복하고 최고의 구기를 선보일 때 사람들은 열광한다. 그 순간, 구기는 단순한 공연이 아니라 삶의 연장처럼 느껴진다. 친구들과 농담을 주고받고 경쟁을 하면서도 서로를 지지하고 아끼며 조화를

이루어나가는 사람들의 모습과 겹쳐진다. 구기는 이처럼 사람들의 가슴 속으로 스며든다.

이민숙

한국외국어대학교에서 중국 고전소설로 박사학위를 받았다. 현재 한림대학교 인문학연구소 학술연구교수로 재직 중이다. 고서적 읽기를 좋아해서 틈틈이 중국 전통 시대의 글을 번역해 출간하고 있다. 특히 필기 문헌에 실려 있는 중국 전통문화를 이해하고 재구성하는 데 관심이 많다. 지은 책으로 『한자 콘서트』, 『중화미각』, 『중화명승』 등이 있고 옮긴 책으로 『태평광기』, 『우초신지』, 『풍속통의』, 『강남은 어디인가』, 『임진기록』, 『녹색모자 좀 벗겨줘』, 『해국도지』, 『영환지략』, 『열미초당필기』 등이 있다.

강남의 선율에 취하다

탄사

김지선

우리나라 속담에 '친구 따라 강남 간다', '강남 갔던 제비가 돌아온다'는 말이 있다. 그런데 흔히 서울을 강남과 강북으로 구분하여 부르는 바람에 이러한 속담 속 지명이 서울의 강남일 것으로 생각하는 사람이 많다. 하지만 여기에서 강남은 중국 양쯔강 이남의 난징南京, 항저우杭州, 쑤저우蘇州 등을 아우르는 지역을 가리킨다. 예로부터 물자가 풍부하고 수준 높은 문화와 예술을 누렸던 곳이다. 아무 생각 없이 친구 따라갔다가 푹 빠져드는 곳이면서 제비가 행운을 몰고 올 것으로 기대하게 하는 곳이 바로 강남江南이었다.

중국의 수도가 베이징北京이라는 사실은 익히 알려졌지만, 베이징은 처음부터 중국의 수도가 아니었다. 그 이전의 수도는 주로 시안西安으로, 시안은 실크로드의 시작점이자 종착점이었다. 실크로드 전성기였던 당나라 때 시안은 국제화된 도시로 번영했으나 원나라 때 수도가 베이징으로 옮겨가면서 중국 도시의 역학 관계도 달라졌다. 베이징이 정치와 군사의 중심이 되면서 난징을 중심으로 한 강남은 경제의 중심이 되었다. 곡창지대였던 강남의 풍부한 물자는 운하를 통해 수도로 운송되었고, 경제력 덕분에 강남은 막강한 힘을 지니는 공간이 되었다.

강남은 역사적으로 오나라와 월나라의 영토였던 곳이다. 『삼국지연의』에서 손권의 오나라가 기반을 닦았던 땅이 강남이었다. 제갈량이 손권에 대해 '땅의 이로움을 장악한 자'라고 한 것을 보더라도 강남이 얼마나 풍요롭고 탐나는 곳이었는지 짐작할 수 있다. 경제력이 높아지면 학술과 문화, 예술에 대한 인식이 높아질 수밖에 없다. 강남이 경제의 중심이 되면서 장원 급제율이 높아진 것은 어찌 보면 당연한 일이었다. 이방인 만주족 출신의 청나라 황제들이 흠뻑 빠졌던 것도 강남의 음식과 문화였다.

땅의 기운은 인간의 기질에도 영향을 준다. 기후 분계선인 화이허淮河를 중심으로 중국 북방과 남방의 자연환경은 완전히 달라진다. 귤화위지橘化爲枳, 즉 남쪽의 귤이 회수를 건너 북쪽으로 가면 탱자가 된다고 했다. 말랑하고 달콤하던 귤도 춥고 건조한 곳으로 옮겨가면 탱자처럼 쭈그러들고 단단해지며 그 맛을 잃는다. 물론 쭈그러들고 단단해지는 것이 나쁘다는 의미는 아니다. 각자의 개성이 다를 뿐이다. 춥고 건조한 북쪽에 사는 사람들은 거칠고 투박하지만 소박함이 있고, 따뜻하고 습한 남쪽에 사는 사람들은 느긋하면서 온화하고 부드럽다. 그렇게 보면 강남은 말랑하고 폭신하며 달콤한 귤을 닮았다.

강남은 수향水鄕으로 유명하다. 도시 경관과 거리의 구조, 건물의 배치 등이 모두 물의 흐름을 따라 이루어졌다. 전통적으로 강남의 거리는 물가에 조성되어 있었다. 가는 하천들이 도시를 관통하고, 구불구불 제 마음대로 뻗어 있는 물길을 따라 마을이 오밀조밀 형성되었다. 화려한 누각의 지붕 끝은 하늘로 날아오를 듯 높이 솟았다. 지붕 끝의 가파른 경사는 건물 안으로 햇볕이 더 많이 들어오게 하여 습한 기운을 날려버리게 한다. 구불

쑤저우의 풍경. 하천이 도시 곳곳을 관통하고 있다. ⓒ김지선

  구불한 강, 길, 날렵한 지붕의 선 등 여기저기를 둘러보면 강남에는 곡선이 가득하다.
   강남의 풍광과 잘 어울리는 음악은 섬세하면서 청아한 현악기 소리일 것이다. 강한 분위기의 북방 음악이 주로 타악기를 활용했다면, 부드러운 분위기의 남방 음악은 주로 현악기를 활용했다. 타악기가 직선이라면, 현악기는 곡선이다. 현의 움직임으로 일어난 파동이 울림통을 통해 퍼져가는 소리는 마음을 안정시킨다. 곡절 많은 소리를 빚어내는 현악기의 선율은 낭만적인 사랑 이야기를 전달하는 데 안성맞춤이다. 비파琵琶와 삼현三絃의 연주에 얹어진 우아한 노랫소리는 서정적으로 귓가를 맴돌며 강남의 풍경을 그대로 담아낸다.

도시의 곡선을 품은 비파와 삼현

탄사彈詞는 강남 지역에서 유행했던 공연 예술이다. '탄彈'은 튕긴다, '사詞'는 노래 가사라는 뜻으로 현악기를 튕기면서 노래와 이야기를 섞어가며 공연하는 예술이다. 주로 두 명이 한 조가 되어 비파와 삼현을 연주하며 공연하는데, 노래로 이야기를 전달하며 공연하는 방식은 우리나라의 판소리와 비슷하다. 판소리가 소리꾼이 고수의 장단에 맞춰 노래와 이야기, 몸짓 등으로 공연하는 것이라면, 탄사는 공연자 두 명이 각각 비파와 삼현을 연주하며 노래로 이야기를 들려주는 형식으로 진행된다.

공연 무대에는 탁자 하나에 의자 두 개만 있으면 된다. 공연자는 거의 움직이지 않고, 의자에 앉아 악기를 연주하며 노래한다. 오롯이 목소리와 악기 소리에 집중하게 되는 공연이다. 공연자의 구성은 다양한데, 주로 여성 한 명과 남성 한 명으로 혼성 조가 이루어진다. 여성 혹은 남성으로만 조를 이루어 공연하기도 한다. 흥미로운 점은 동성으로 이루어진 조에서 탁하고 무거운 소리를 내는 사람과 맑고 가벼운 소리를 내는 사람이 구분되는 데 있다. 이는 비파와 삼현의 소리와 연관이 있어 보인다.

비파는 중앙아시아 지역에서 기원해 동아시아 전역에 퍼진 현악기이다. 실크로드를 통해 중국으로 유입된 이후 한국, 일본, 베트남 등지로 전파되었다. 물방울 모양의 몸통에 짧은 목 형태인 비파는 몸통이 넓은 만큼 현이 떨리며 울리는 소리가 맑고 청아하며 풍부하다. 중국의 당비파는 네 개 현, 한국의 향비파는 다섯 개 현으로 현재에도 음역을 넓히기 위해 여러 줄의 비파가 개발되고 있다. 둔황敦煌 막고굴莫高窟 벽화를 비롯해 도용陶俑과 당삼채唐三彩 등에서 비파 연주자의 모습을 찾아볼 수 있는데, 서역에서 들어온 이민족의 악기가 중국에서 많은 사랑을 받았음을 알 수 있다.

비파(왼쪽)와 삼현(오른쪽). 비파는 맑고 청아한 소리를, 삼현은 거칠고 탁한 소리를 낸다. ⓒ 위키미디어 커먼스

　삼현은 이름 그대로 세 개의 현으로 이루어진 악기다. 몸통은 모서리가 둥근 직사각형이고, 겉면을 비단뱀 가죽으로 감싼다. 몸통은 비파보다 작고, 목이 상당히 길다. 소리가 거칠고 강하며 타악기의 음색도 있어서 합주할 때 주목받기도 한다. 만리장성을 쌓기 위해 강제로 징발된 백성들이 힘들고 고된 삶을 달래고자 작은 북을 개조해 만든 것이 삼현의 기원이 되었다고 한다. 백성들의 한을 달래주던 삼현은 원나라 때 원곡元曲의 주요 반주 악기로 사용되면서 널리 전파되었다.

　비파가 맑고 청량한 소리를 낸다면, 삼현은 거칠고 탁한 소리를 낸다. 마치 음과 양의 조화처럼 비파와 삼현은 조화를 이루며 강남의 아름다움을 표현해낸다. 탄사 공연에서 비파는 주로 여성이, 삼현은 주로 남성이 연주한다. 동성끼리 한 조를 이루어 공연하는 경우 비파를 연주하는 사람은 더 맑고 고운 소리를, 삼현을 연주하는 사람은 더 강하고 센 소리를 낸다. 둔황 막고굴의 벽화에는 비파 연주자와 삼현 연주자가 나란히 앉은 모습이

막고굴 벽화 중 일부. 비파 연주자와 삼현 연주자가 나란히 앉아 연주하고 있다. ⓒ 위키미디어 커먼스

그려져 있다. 음색은 다르지만 비파와 삼현이 서로 잘 어울린다는 사실은 당나라 때부터 인정받았던 것 같다.

'남유북강南柔北强'이라고 했다. 거친 환경에서 억척스럽게 살아가는 북방 사람들에게는 웅장하고 격정적인 음악이 잘 어울린다. 천카이거陳凱歌 감독의 영화 「패왕별희」를 본 사람이라면 비장하면서 호방한 북방의 소리를 단번에 느낄 수 있다. 반면 풍족한 환경에서 낙천적으로 살아가는 남방 사람들에게는 우아하면서 섬세한 음악이 제격이다. 부지런히 노력하지 않아도 풍요로운 땅이 이미 갖추어져 있기에 남방 사람들의 동작은 느릿하고 게으른 특성이 있다. 타이완 출신 가수 덩리쥔鄧麗君의 나른하면서 청아한 목소리가 아마도 남방의 소리를 잘 들려준다고 하겠다.

나긋나긋하고 맑은 소리에 담아낼 수 있는 내용은 단연 재자가인才子佳人의 사랑 이야기이다. 준수한 서생과 아리따운 여인의 사랑 이야기는 시공간을 초월하여 환영받는 주제다. 전쟁이 어지럽게 일어나고 장군들이 싸우는 이야기를 우아한 현악기로 표현한다면 느낌이 잘 전달되지 않을 것이다. 구불구불 흐르는 하천을 따라 모여 사는 강남에서는 서로 거리가 가까워 크게 소리 지를 필요도 없다. 손가락으로 튕기는 현악기 소리에 어느새 마음이 푸근해지고, 부드럽고 섬세한 노랫소리에 청중은 바로 몰입하게 된다. 곡선의 선율은 남방의 정취 그 자체다.

눈먼 시인들의 이야기

고대나 중세 유럽에서 여러 지역을 떠돌아다니면서 시를 읊은 시인들이 있었다. 이들 음유시인은 보통 눈먼 자들이었다고 한다. 인간의 감각 중 시각은 이성과 연관되어왔고, 눈이 보이지 않는 것은 무지와 맹목성에 비유되어왔다. 하지만 시각이라는 중요한 감각을 잃었다면, 다른 것을 얻기 마련이다. 영화 「서편제」에서 유봉이 송화의 소리를 완성하기 위해 눈을 멀게 했던 것도 같은 맥락이다. 눈으로 세상을 읽을 수 없었던 음유시인들은 자신의 모든 감각을 '기억력'에 집중했다. 덕분에 그들은 천부적인 시적 재능과 예지력을 지닌 존재로 여겨졌다.

중국에서도 이야기꾼은 주로 눈이 먼 사람들이었다. 청나라의 조설근曹雪芹(1715~1763)이 쓴 소설 『홍루몽紅樓夢』을 보면, 가씨賈氏 집안 사람들은 대관원大觀園에서 연회를 열 때마다 이야기꾼을 불러왔다. 이때 이야기꾼들은 대부분 눈이 먼 여자아이였다. 장애를 지닌 천한 신분의 여자아이들이 글을 배울 수 있는 형편은 아니었을 터이니, 기억에 의존하여 이야기를 듣고 외워서 공연했을 것이다. 『홍루몽』 제54회에는 이야기꾼들이 현자弦子와 비파를 연주하며 공연하는 장면이 나오는데, 두 개의 현악기를 사용한 것으로 보아 탄사 공연으로 추정된다.

이야기 주크박스가 인간으로 변한다면 이들이 아니었을까. 눈먼 이야기꾼은 청중이 원하면 언제든지 자신의 주크박스에서 이야기를 꺼내어 들려주어야 했다. 이들은 지금으로 말하자면 프리랜서였다. 『홍루몽』 제43회에서 왕희봉王熙鳳은 가부賈府에서 데리고 있는 연극단 아이들의 이야기는 지겨우니 밖에서 이야기꾼을 데려오라고 분부한다. 보유하고 있는 이야기가 재미없으면 부름을 받지도 못했다. 아마도 이야기꾼들은 부름을 받기 위해 끊임없이 새로운 이야기를 개발해야 했을 것이다.

요즘처럼 볼거리와 들을 거리가 넘쳐나는 시대에는 언제든지 좋아하는 노래를 듣고 재미난 영상을 볼 수 있지만, 그럴 수 없었던 그 옛날, 사대부 중에는 자신이 직접 연극단을 운영하는 경우가 있었다. 문학과 음악에 조예가 깊은 사대부는 예인들을 가르치고 직접 대본을 쓰기도 하여 연회를 열고 공연을 올렸다. 명나라 완대성阮大鋮(1587~1646)의 전기傳奇 『연자전燕子箋』에는 무대에 코끼리를 등장시키는 장면이 나오기도 한다. 실제로 어떻게 연출되었는지 확인하기 어렵지만, 공연 연출에 얼마나 진심이었는지 짐작할 수 있다.

이에 비해 탄사는 이야기꾼 두 명, 비파와 삼현만 있으면 공연이 이루어진다. 때와 장소에 구애되지 않으니 여인들의 내밀한 공간인 규방 안까지 들어가서 공연할 수 있다. 탄사의 주요 소비층은 규방의 여인들이었다. 규방이라는 한정된 공간에서만 지내야 하는 여인들의 하루는 그야말로 지루하기 짝이 없었다. 그런데 화려한 볼거리는 없지만 맑게 울리는 현악기 소리와 고아한 노랫소리, 재미난 이야기에 온갖 상상력과 감성이 터져 나오게 된다. 규방의 여인들에게 탄사는 최고의 엔터테인먼트였다.

주요 소비층이 여성이다 보니 탄사 작가 중에는 도정회陶貞懷(1644년 전후 생존), 진단생陳端生(1751~1796), 구심여邱心如(1805~1873) 등 여성이 많았다. 탄사의 레퍼토리는 다양했지만, 그중에서 『천우화天雨花』, 『재생연再生緣』, 『필생화筆生花』 등 여성이 적극적인 주체가 되는 이야기의 인기가 높았다. 규방의 여인이 남장하고 바깥세상을 모험한다거나 남녀가 첫눈에 반해 운명적인 사랑을 하는 이야기는 흔해 빠진 것이지만, 여인들의 욕망을 자극하는 판타지 덕분에 금방 몰입하게 만든다. 뻔해서 싫다고 할 수도 있지만, 뻔하기에 더 재미있을 수도 있다. 익숙함이야말로 강한 무기가 되기 때문이다.

탄사를 즐기면서 빼놓을 수 없는 것이 또 꽈즈瓜子이다. 꽈즈는 해바라

기씨, 호박씨 등에 소금이나 향료를 뿌려 볶은 간식이다. 성격 급한 한국인들은 일일이 껍질을 까서 먹는 거라 번거롭다고 하겠지만, 뭐니 뭐니 해도 꽈즈의 묘미는 하나씩 까서 먹는 데 있다. 씨앗을 하나하나 느릿하게 까먹다 보면 지루한 시간이 어느새 날아가버린다. 꽈즈는 그러기 위해 먹는 음식이다. 규방의 여인들은 꽈즈를 까먹으며 느릿하게 흘러가는 이야기를 들으면서 길고 지루한 하루를 보냈다. 부지런히 울리는 비파와 삼현 소리, 이야기꾼의 노랫소리, 꽈즈의 짭조름한 맛이야말로 탄사 공연을 완성하는 풍경이었다.

지역 방언의 미학

한국인에게 잘 알려진 중국의 전통극이라고 하면 경극京劇을 꼽는다. 베이징이 중국의 수도이다 보니 '베이징 오페라 Peking opera'로 불리는 경극은 중국의 전통극을 대표하는 것으로 여겨진다. 하지만 경극은 베이징을 중심으로 한 북방 지역에서 유행한 지방희地方戱에 불과하다. 진극晉劇, 포극蒲劇, 상극湘劇, 천극川劇, 월극越劇, 월극粵劇 등 중국에는 광활한 영토만큼이나 다양한 특색을 지닌 지방희가 있고, 지역마다 즐겼던 소리도 달랐다. 한국 민요도 들어보면 경기, 서도, 동부, 남도, 제주도 등 지역에 따라 창법이나 분위기가 사뭇 다르다. 이처럼 인간의 사유와 문화는 공간에 영향을 받는다.

한국인이 중국을 바라보는 시선은 대체로 중원 지역 혹은 황하 이북에 머무는 경향이 있다. 수도 베이징만 바라보며 중국을 이해하면, 중국의 한 부분밖에 보지 못한다. 탄사는 베이징 중심이 아니라 더 넓은 지역까지 확장된 시선으로 중국을 바라보게 해준다. 사실 우리나라 사람들에게 탄사는 매우 낯선 장르다. 탄사는 오 지역의 방언으로 공연하여 지역색을 강하게 드러내는데, 후음과 비음 위주로 내는 독특한 소리는 상당히 낯설게 다가올 수밖에 없다.

오 지역 방언으로 공연하는 탄사는 중국인들도 이해하기 어려워 널리 확산하는 데 한계로 작용하기도 한다. 하지만 탄사가 확장성을 위해 표준어를 선택했다면 정체성을 잃어버리고 금방 사라졌을 것이다. 이 때문에 탄사를 공연하는 예인들은 오 지역 방언을 더 강조하며 지역성을 특화하고자 한다. 우리에게 제주도 방언으로 된 민요나 구전설화가 소중하듯, 오 지역 방언으로 공연하는 탄사는 그들에게 값진 문화 자산이다. 알아듣기는 어렵지만, 어릴 때 들었던 할머니의 방언이 떠올라 더 정겹다는 젊은 청중이 늘어나는 추세이기도 하다.

중국인에게 '강남'은 그 단어를 듣기만 해도 떠오르는 심상이 분명한 공

쑤저우에 있는 원림 유원留園에서 예인들이 탄사를 공연하는 모습. 유원을 찾은 관광객들은 자유롭게 들어가 들을 수 있다. ⓒ김지선

공연 무대 옆에 쑤저우 탄사를 소개하는 간판이 있다. ©김지선

간이다. 풍요로운 땅, 여유로운 사람들, 수려한 자연 풍경, 아름다운 호수 등 이 모든 것은 이야기의 재료가 되고, 예술의 원동력이 된다. 설령 방언을 못 알아들으면 어떤가. 마을을 감싸고 도는 물줄기처럼 현악기는 끊임없는 곡선을 만들어내며 울려 퍼지고, 부드럽고 청량하게 구연하는 이야기꾼의 노랫소리는 한층 깊고 그윽하다. 강남의 아름다운 원림에 앉아 꽈즈를 까먹으며 탄사를 듣다가 차 한 잔을 마시는 장면은 상상만으로도 낭만이 가득하다.

김지선

이화여자대학교 중어중문학과와 같은 대학원을 졸업하고, 고려대학교 중어중문학과에서 박사학위를 받았다. 현재 동국대학교 중어중문학과 교수로 재직 중이다. 중국 고전소설을 전공했고, 최근에는 동아시아 상상력, 고전과 문화콘텐츠의 상관성 등을 연구하고 있다. 지은 책으로『수신기, 괴담의 문화사』, 『붉은 누각의 꿈』 등이 있고 옮긴 책으로『신이경』, 『열녀전』, 『부생육기』 등이 있다.

역동적 몸짓에 담긴 소망과 기원

사자춤

장미경

앳된 얼굴의 소년들이 구르고 뛰어오르며 땀범벅이 되어 쉬지 않고 같은 동작을 반복한다. 소년들의 얼굴에는 실망과 아쉬움, 기쁨과 자부심 등이 교차한다. 간간이 뭔가를 이뤄냈을 때 터져 나오는 환성도 들린다.

2021년에 개봉된 중국 영화 「웅사소년雄獅少年」의 한 장면이다. 영화의 주인공 아쥐안과 그의 친구들은 어려운 환경 속에서도 춤을 추며 서로를 지지하고, 꿈을 이루기 위해 노력한다. 이들은 사자춤을 배우고 싶어 하지만 저마다 어려움에 맞닥뜨린다. 영화는 아쥐안이 사자춤을 배우면서 겪는 여러 가지 도전과 갈등, 그를 지지하는 친구들과의 우정, 그리고 꿈을 이뤄가는 과정을 담고 있다. 사자춤을 배우는 과정에서 아쥐안은 자신의 부족한 점을 깨닫고, 기예 면에서의 성장뿐만 아니라 개인적 성장도 이루게 된다. 「웅사소년」은 청소년들의 성장과 우정, 꿈을 향한 열정, 그리고 전통문화에 대한 사랑을 그린 작품으로, '사자춤獅舞'을 중심으로 이야기가 펼쳐진다.

사자춤은 주로 명절이나 기념행사장에서 공연되는데, '사자등獅燈', '무

영화 「웅사소년」의 한 장면. ⓒ「웅사소년」(1981년) 화면 캡처

사舞獅' 혹은 '무사자舞獅子'라고도 불린다. 사자는 예로부터 중국에서 상서로운 동물로 여겨지며, 행복과 길운을 상징한다. 그래서 사람들은 사자춤을 통해 재난을 막고 해악을 제거하며, 좋은 운을 불러올 수 있다고 믿어왔다.

힘과 용기의 상징인 신수

2025년 1월, 짧은 일정으로 텐진天津에 다녀왔다. 여행지에서 명소로 알려진 곳을 거닐다가 뭔가 작은 기념품이나 간식거리를 '득템'하는 것이 나의 여행 기호인지라, 텐진에서도 으레껏 가본다는 '고문화가古文化街', '이탈리아 거리意大利街' 등을 둘러보았는데 별 감흥이 없었다. 식사 장소로 이동하는 택시에서 기사분이 '고루古樓'를 언급했다. 식사 후 큰 기대 없이 '고루'를 찾아 슬렁슬렁 지나치는데, 눈에 들어오는 것이 있었다. '도장 새기는 집' 앞에 호객용으로 내놓은 다양한 소재와 모양의 도장들, 그 사이에 해치獬豸와 비휴貔貅를 넘나드는 '사자' 비슷한 조각을 얹은 정방형 도장이 보였다.

주인장은 '옥에 비휴를 조각'한 것이라며 비휴에 대해 장황한 설명까지 덧붙였다. '옥'의 가격과 글자 새기는 수공비를 묻고, 적당히 흥정을 하고는 우리 집 가장과 두 아이를 떠올리며 세 개의 도장을 골랐다. 행여 잘 못 알아볼까 또박또박 이름을 써주고, 그래도 마음이 놓이지 않아 한 번 읽어주며 확인하고, 자체字體를 고른 후, 문 닫는 시간을 확인하고 나왔다.

갈수록 사인이나 전자서명 등으로 도장 쓸 일이 없어지는 요즘, 어디에 몇 번이나 찍게 되랴마는 복을 가져온다는, 아니, 가져온다고 믿는 마음으로 덥석 세 분의 신수神獸를 모셔왔다.

산서성 왕가대원王家大院 항정보恆貞堡 남문을 지키는 사자상. ⓒ장미경

 해치와 비휴는 얼핏 보면 닮은 듯한데, 신화와 전설로 전해오다 보니 이들의 형상은 정해진 하나의 이미지가 아니다. 지역마다, 혹은 시기마다 뿔, 날개, 꼬리, 털 등이 부분적으로 다르게 묘사되기도 했다. 해치와 비휴의 외형에서 두드러진 차이점은 뿔과 날개이다.

먼저 해치는 중국의 신화나 전설에 나오는 신수로 '해태'라고도 하며, '해치獬廌' 또는 '해치解豸'라고 쓴다. 온몸에 짙고 검은 털이 나 있고, 눈은 밝고 선명하며, 이마에는 보통 하나의 뿔이 있다. 그래서 해치는 보통 '뿔 달린 사자'로 묘사되고 매우 높은 지능을 가졌다고 전해진다. 선악과 충성, 죄를 구별할 수 있어 부패한 관리나 간신, 죄지은 자를 발견하면 뿔로 받아버린다. 이 같은 해치의 상징성으로 인해 중국의 고대 법정에는 해치의 모습을 새겼고, 우리나라에서도 조선시대 대사헌大司憲의 흉배胸背에 해치 문양을 수놓아 '법의 공정함'을 강조하곤 했다. 이러한 풍습은 오늘날까지 이어져 경찰청과 대법원, 사법연수원에 해치상이 세워져 있다. 그리고 서울대학교 근대법학교육 100주년기념관의 '정의의 종'에도 해치가 새겨져 있다.

비휴는 외형이 사자와 비슷하지만 몸에 비늘이 있고 양쪽에 날개가 있다. 비휴가 악귀를 쫓고 재물을 불러들이는 상서로운 동물로 여겨진 데에는 흥미로운 전설이 있다.

비휴는 하늘을 지키며 악과 질병을 물리치고, 옥황상제를 호위하며 금은보화를 먹고 살았다고 한다. 하루는 비휴가 욕심껏 금은보화를 먹고 배탈이 나서 설사를 해대자, 화가 난 옥황상제가 엉덩이를 때렸는데 항문이 막혀버렸다. 그 후로는 금은보화를 먹기만 하고 뱉지는 못하게 되었고, 이로 인해 '비휴를 지니면 재물이 쌓인다'는 상징성을 지니게 되었다. 왼발을 내밀고 있는 것이 수컷이고 오른발을 내밀고 있는 것이 암컷인데, 보통 수컷은 권력을

해치 문양이 수놓인 조선시대 대사헌의 흉배.
ⓒ 위키미디어 커먼스

상징하는 둥근 공을 왼발로 누르고 있으며 암컷은 새끼를 발아래 두고 있다. 승진을 원하면 비휴의 날개를, 재물을 원하면 비휴의 엉덩이를 만져주라는 속설로 인해 중국 여행 중에 볼 수 있는 비휴의 엉덩이는 수많은 사람들의 손길이 닿아 반질반질 윤기가 흐른다. 여기에 더해 소금물로 비휴의 눈을 닦아주면 비휴가 그 사람을 주인으로 섬긴다는 말도 있으니, 어찌 비휴를 가까이 두지 않을 수 있으랴!

해치와 비휴의 모티브가 되는 동물인 '사자'는 중국뿐 아니라 사실상 전 세계의 다양한 신화와 전설에서 중요한 존재로 등장한다. 힘과 용기, 왕권, 신성, 절대적 존재의 상징으로 다뤄지며, 중요한 역할을 수행하는 영웅의 상징으로 그려졌다. 예를 들어 이집트 신화에 나오는 '마헤스Maahes'는 사자의 머리를 한 전쟁의 신으로 묘사되는데, 전투에서 파라오를 보호하며 정의와 권력을 상징한다. 그리스 신화에서도 사자는 용기와 힘의 상징으로 여러 이야기 속에 자주 등장한다. 사자의 이미지는 미술과 건축에도 응용되었는데, 이는 고대 그리스인들에게 사자가 단순히 자연계의 동물이 아니라 신성함을 상징하는 존재로 인식되었음을 보여준다. 이외에도 인도의 나라심하Narasimha, 페르시아의 아후라 마즈다Ahura Mazda, 바빌로니아의 마르두크Marduk 등은 모두 사자 혹은 사자와 인간이 혼재된 형상으로 용기와 힘, 정의를 상징하는 영웅적 존재로 숭배된다.

멀리서 건너온 귀하신 몸

어린 시절 즐겨 본 「동물의 왕국」에서 아프리카의 정글을 누비는 사자를 보며 '호랑이와 사자가 싸우면 누가 이길까?'라는 생각을 해본 적이 있다. 그런데 일부러 작정하고 호랑이와 사자를 한 공간에 두고 싸움을 붙인다면 모를까, 자연계에서 사자와 호랑이가 전투를 벌일 일은 없을 것이다.

> 참지정사 석중립石中立은 기지가 넘치는 사람이었는데, 천희연간天禧年間 (1004~1020년)에 원외랑員外郎에 임명되었다. 당시 서역에서 사자를 진상하여 황실 정원에서 기르며 매일 양고기 열다섯 근을 먹였다. 석중립이 동료들을 데리고 사자를 구경하러 갔을 때, 누군가가 말했다. "저런 짐승도 매일 열다섯 근의 양고기를 받는데, 우리 같은 벼슬아치는 겨우 몇 근에 불과하니, 사람이 짐승만도 못하단 말인가?" 그러자 석중립이 대답했다. "그대는 어찌 자기 분수를 모르시오? 저 짐승은 황실 정원의 사자이고, 우리는 '정원 밖의 늑대園外狼'에 불과한데, 어찌 비교할 수 있겠소?"

북송 사마광司馬光의 『속수기문涑水記聞』에 나오는 이야기로, 석중립이 발음이 같은 정원 밖의 늑대 '원외랑園外狼'으로 자신들의 직책인 '원외랑員外郎'을 들어 수준 있는 농담을 한 것이다. 그런데 여기서 중요한 단서는 '사자가 서역의 진상품으로 황실 정원에 두고 기르는 귀하신 몸'이라는 점이다. 서역의 여러 이민족이 사자를 진상했다는 '공사貢獅'에 관한 문헌 기록은 중국의 역대 정사正史와 필기류에 자주 등장한다. 조공을 통해 사자가 중국에 전해지면서 사자에 대해 '외형은 호랑이처럼 거대하고, 노란색에 꼬리 끝의 털은 솜뭉치와 같으며, 동작이 날래고 육식을 하는 백수百獸의 왕'이라는 인식이 자리 잡게 되었다. 그리고 이러한 인식을 바탕으로 사자는 관상용, 전투용, 약용, 구마驅魔용으로 쓰였고 궁정에서는 사자에 관한 시와 그림이 등장했으며 민간에서는 사자와 관련된 속문화俗文化가 형성되었다. 그 가운데 오랜 세월을 두고 전승되며 중국을 비롯한 아시아 각국의 전통 기예로 자리 잡은 것이 '사자춤'이다.

중국 사자춤의 기원에 관해서는 여러 가지 이론이 있는데, 여기에 자주

공연을 위해 당당한 모습으로 등장하는 사자춤의 주인공. (생성형 AI 이미지)

등장하는 인물로 '한 무제漢武帝'를 들 수 있다. 한 무제는 적극적으로 서역과 교류한 황제로, 장건張騫을 서역으로 파견해 실크로드를 개척했고 이때부터 사람들은 '사자'라는 이역異域의 동물에 대해 알게 되었다. 그런데 본격적으로 사자춤이 등장하는 것은 이보다 조금 더 뒤인 장제章帝 때이다. 이때 서역 대월지국大月氏國에서 금빛 털을 가진 수사자를 한나라에 바쳤다고 한다. 사자를 호송해온 사신은 만약 누군가가 이 사자를 길들일 수 있다면 계속해서 한나라에 공물을 바치겠지만, 그렇지 않으면 외교 관계를 끊겠다고 했다. 대월지국 사절단이 떠난 후, 장제는 특별히 사육사를 두고 길들이려 했으나 모두 실패했다. 게다가 사자가 광기를 부리며 날뛰자 사육하던 궁인들은 사자를 죽여버렸다. 그리고 장제의 처벌을 피하고자 사자 가죽을 벗겨 두 사람이 가죽을 뒤집어쓰고 사자의 모습을 흉내 내어 장제는 물론이고 대월지국 사신들도 속게 만들었다. 그 후 이 일이 궁중에서 민간으로 전해졌고, 백성들은 사자춤이 나라의 안녕과 길운의 상징이라고 여겨 사자춤을 추기 시작했다고 한다.

팀워크가 생명이다

사자춤에서 '협동'은 매우 중요한 요소로, 여러 사람의 긴밀한 협력과 조화가 필요하다. 사자춤은 일반적으로 두 명 이상, 많게는 아홉 명이 한 마리의 사자가 되어 춤을 추게 되므로 팀워크가 필수적이다. 사자춤은 한 사람의 독립적인 춤이 아니라 최소 두 사람 혹은 여러 사람의 동작이 하나로 합쳐져야 생동적인 사자 모습을 완성할 수 있기 때문이다. 두 사람이 한 마리의 사자가 되어 춤을 추는 경우 한 사람이 사자 머리를 맡고, 다른 한 사람이 몸통과 꼬리를 맡는다. 이 두 사람의 동작이 조화를 이뤄야만 생동적인 사자로 보이게 된다. 자칫 동작이 맞지 않으면 사자의 움직임이 부자연스러워지고 결국 춤의 흐름이 깨지게 된다.

사자춤에서 협동이 가장 필요한 동작은 '점프와 회전'이다. 사자 머리가 점프를 하면 몸통도 그에 따라 자연스럽게 점프해야 한다. 점프 후, 사자 머리와 몸통은 균형을 맞추고 리듬에 맞춰 착지해야 한다. 회전 동작에서는 사자 머리와 몸통이 동시다발적으로 회전해야 하는데, 이때 회전하는 속도와 방향이 일치해야만 자연스럽게 춤을 마칠 수 있다.

생동적인 움직임에 더해 사자춤의 완성도를 높이는 데에는 음악과 의상도 중요한 요소이다. 사자춤에 쓰이는 의상과 음악은 단순히 춤을 보조하는 요소가 아니라 춤의 상징적인 의미를 강조하여 공연을 더욱 돋보이게 만드는 중요한 역할을 한다.

사자춤의 의상은 주로 사자 머리와 몸통으로 구성되는데, 이것을 입고 춤을 추는 사람의 움직임을 통해 사자의 생동감을 표현한다. 사자 머리는 사자춤의 가장 중요한 부분이다. 보통 천과 종이로 제작하며 붉은색과 황금색 등 눈에 띄는 색상을 사용해 강렬한 인상을 주는데 붉은색은 행운과 복을, 황금색은 부와 재물을 상징한다. 그리고 여기에 사자춤의 성격을 드러낼 수 있는 장식물을 덧붙이고 사자의 눈은 과장하여 거대한 크기로, 입과 이빨은 위압적으로 날카롭게 만든다.

사자의 몸통은 보통 춤추는 사람의 몸을 전체적으로 감싸고 힘찬 동작을 감당해야 하기에, 넓고 튼튼하면서도 부드러운 재질의 천으로 만든다. 사자의 근육질 몸매를 잘 드러낼 수 있어야 하기 때문이다. 여기에 금박이나 색색의 천을 덧대어 사자의 움직임에 따라 반짝이는 시각적 효과를 극대화한다. 사자의 꼬리는 활발한 동작과 민첩성을 표현하는 데 중요한 역할을 한다. 보통 가벼운 재질로 만들어 사자의 움직임에 따라 자연스럽게 흔들리도록 한다.

사자춤에 쓰이는 악기는 분위기를 고조시키고 사자춤을 더욱 역동적으로 만들 수 있는 것으로 주로 북, 징, 깽깽이鏡鈸 등의 전통악기가 쓰인다.

축제의 주역, 복을 부르는 사자

사자춤의 특징은 무엇보다도 활기차고 역동적인 동작이다. 춤을 추는 사람들은 각기 사자의 머리와 몸을 맡아 머리를 흔들고 몸을 왼쪽, 오른쪽으로 기울이며 뒷다리와 앞다리처럼 움직인다. 사자가 입을 크게 벌리고 춤을 추는 장면은 매우 인상적이고, 관객들에게 큰 즐거움을 준다. 시간이 흐르면서 사자의 동작은 점점 빨라지고 분위기가 고조되어 관객들은 마치 진짜 사자가 살아 움직이는 듯 착각하기도 한다. 사자춤에서는 사자의 동작 하나하나가 사자의 힘과 에너지, 그리고 재물과 행운을 상징적으로 표현한다. 사자춤은 단순한 공연이 아니다. 복과 행운을 기원하고, 축제의 분위기를 고조시키는 중요한 역할을 한다.

사자춤에는 '사자'의 생동감을 표현하는 다양한 동작이 포함되는데, 각각의 동작은 특정한 의미를 담고 있다. 기본 동작으로 고개 끄덕이기, 몸 흔들기, 입 벌리기, 점프와 회전, 무릎 꿇기가 있다.

'고개 끄덕이기'는 사자가 주위를 탐색하고 주의를 기울이는 모습으로, 축제나 행사의 시작을 알리는 동작이기도 하다. '몸 흔들기'는 사자가 머리를 좌우로 흔들면서 리듬을 타는 동작으로, 긍정적인 에너지와 활력을 나타내며 관중들에게 좋은 기운을 전달하려는 목적을 가진 동작이다. 그리고 '입 벌리기'는 사자가 입을 크게 벌리는 동작으로, 사자가 무언가를 먹거나 불러들이는 모습을 묘사하는 것인데, 이는 재물을 끌어모으거나 행운을 상징하기에 개업식과 같은 행사에서 자주 행해진다. '점프와 회전'은 사자가 튕기듯 뛰어오르고 회전하는 동작으로, 이를 통해 힘과 에너지에 더해 유연함을 드러낸다. 점프와 회전은 축제나 행사장에 긍정적인 기운을 확산시키고 도전과 성공을 상징하는데, 보통의 경우 사자춤에서 중요한 전환점이나 '채청采青' 전에 행하는 동작이다.

채청. 여러 채소로 구성되어 복을 기원하는 의식에 사용된다. ⓒ장미경

여기서 '채청'은 사자춤의 하이라이트로서 '푸른 것靑'을 '취하다采'라는 의미이다. 사자춤을 보면 사자가 사람들이 던진 양배추나 복을 상징하는 물건을 입에 물고 가는 장면을 볼 수 있는데, 채청의 일종이라고 할 수 있다. 채청에 사용되는 '푸른 것'은 보통 상추, 파, 생강, 홍바오紅包로 구성된다. 이들은 모두 중요한 의미를 지니고 있는데, 먼저 상추生菜는 '재물生財'의 상징으로 재물이 넉넉하게 들어오기를 기원하는 의미이다. 파蔥는 '총명함聰明'의 상징으로 경영자가 지혜롭게 사업체를 운영하여 사업이 번창하기를 바라는 마음이 담겨 있다. 생강薑은 '장將'과 발음이 같아 행운과 재물을 '끌어들인다將'는 의미를 나타내며, 홍바오는 기쁨, 길운, 행운을 상징한다. 사자춤의 중간 혹은 마무리 전에 행해지는 이 채청 의식은 사자춤이 절정에 달했음을 알림과 동시에 행사의 주체는 물론이요, 관객 모두에게 밝고 활기찬 앞날이 펼쳐질 것임을 예고하는 것이다.

사자춤의 마무리 부분에 사자가 무릎을 꿇는데, 이는 중요한 인물이나 관객을 향해 경의를 표하는 중요한 동작이다. 신년 축하 행사에서는 신에

에도시대의 화가 기타가와 우타마로 喜多川歌麿의 그림책 『정초 풍속』에 나오는 일본 '시시마이(사자춤)'.
© 위키미디어 커먼스

게 복을 기원하는 의미로 이 동작을 취하기도 한다. 그리고 이어서 사자는 서서히 동작을 정리하며 고개를 낮추거나 몸을 천천히 멈추는데, 이렇게 사자춤이 끝남을 알리면서 안정적이고 평화로운 분위기를 만들어낸다.

사자춤에는 인간의 다양한 감정과 삶의 모습이 담겨 있다. 사자의 외형에서 나타나는 힘과 용기의 상징성으로 인해 오랜 세월 중국뿐 아니라 아시아 각국의 전통 기예로 전승되면서, 지역별 특색을 얹어 다채로운 모습을 보여주고 있다. 유네스코 인류무형문화유산이자 국가무형유산인 우리나라의 '북청사자놀음', 인도네시아의 전통 사자춤 Singo Ulung 등은 지역별·민족별 전통과 특징을 담고 오늘도 그 힘찬 몸짓을 내보이고 있다.

장미경

성균관대학교와 대만정치대학에서 중국 고전소설을 연구했으며, 현재 한국교통대학교 동아시아연구소에서 연구교수로 재직 중이다. 중국 고전문학 및 중국 문화를 가르쳐왔으며, 최근에는 '서역행기'와 '사행록'에 관심을 가지고 연구 중이다. '중국 소화'와 '장서문화'에 관해 다수의 논저를 발표했으며 지은 책으로 『한문간찰 – 조상의 유산과 부채』, 『중국 고대 장서문화』, 『곤충인문학 서설』 등이 있고 옮긴 책으로 『삼조북맹회편 三朝北盟會編』, 『세상은 큰 웃음 집 – 소부 笑府』 등이 있다.

천하비경을 무대 삼은 뮤지컬

실경공연

안영은

어둠이 짙게 깔린 구이린桂林 양쉬陽朔 리장漓江 위로 물안개가 몽환적으로 피어오른다. 강을 감싸안은 열두 산봉우리로부터 은은한 조명이 물결 속으로 스며들자, 이윽고 전설이 깨어난 듯 대나무 뗏목 위로 구성진 노랫소리와 함께 한 여인의 실루엣이 모습을 드러낸다. 그녀는 류씨네 셋째 딸 '류산제劉三姐'다. 소수민족 좡족壯族의 전설 속 사랑과 노래의 여신이다.

류산제가 어둠 속으로 사라지자 왼쪽 강변에서 수백 개의 횃불이 춤을 추기 시작한다. 이내 오른쪽 강변에서도 횃불의 군무가 화답하듯 일어나 강 전체가 빛과 움직임으로 가득하다. 불빛이 서서히 잦아드는 순간, 붉은 천으로 물든 강 위로 어부들이 줄지어 등장한다. 대나무 뗏목 위에서 노를 젓는 그들의 움직임은 노랫소리와 어우러져 아름다운 조화를 이룬다. 구이린의 리장이 품어온 자연과 사람들의 이야기가 그대로 살아 숨 쉬는 이 거대한 장면, 그것은 바로 중국 최초의 '실경공연實景演出', 「인상·류산제印

象·劉三姐」다.

젊지 않은 젊은 예술가의 꿈

메이쇼이위안梅帥元의 삶을 보면, 젊음이 나이로만 정의되지 않는다는 것을 알 수 있다. 1957년 그는 광시성廣西省 남단의 작은 광업소에서 태어났다. 좁은 세상에서도 더 넓은 세상을 꿈꾼 그는 1970년 광시 문공단에서 배우를 모집한다는 소식을 듣고 주저 없이 지원했다. 열네 살 소년은 합격하자마자 첫차를 타고 고향을 떠났다. 전통극 배우로 전국을 돌았지만 무대 위 연기보다 공연을 창조하는 일에 더 매력을 느낀 그는 전통 연극을 현대적으로 재해석하고 싶다는 갈망이 점점 커졌다. 1990년대 후반, 메이쇼이위안은 광시 지역에서 전통극을 연구하며 예술과 관광의 접점을 모색했다.

그러던 어느 밤, 리장을 따라 흐르는 배 위에서 그는 달빛과 어부들의 노랫소리, 흔들리는 작은 배들이 어우러진 풍경을 마주했다. 그러면서 문득 깨달았다. '굳이 무대를 세울 필요가 있을까? 자연이야말로 완벽한 무대이지 않은가?' 그날 밤의 깨달음은 곧 실행되었다. 산과 강을 무대로, 하늘을 조명으로 삼고, 그곳에서 살아가는 사람들의 이야기를 공연으로 풀어내는 새로운 형식. 40대 후반의 나이에 그는 마침내 극장을 떠나 실경공연이라는 혁신적인 무대를 창조하는 도전에 나섰다.

메이쇼이위안은 구이린 양쉬 지역에 전해 내려오는 류산제 전설을 바탕으로 하는 공연 아이디어를 구체화하기 위해 광시성 정부와 협의하며 실경공연 프로젝트를 기획했다. 그러나 프로젝트의 규모가 점점 커지면서 정부와 투자자들은 더욱 강력한 연출가가 필요하다고 판단했다. 그때 합류한 인물이 바로 중국을 대표하는 영화감독 장이머우張藝謀였다. 메이쑈이위안의 기획을 바탕으로 했지만, 최종 연출은 장이머우가 맡았다. 이는 단순한 연출권의 포기가 아니었다. 실경공연이 하나의 예술적 실험에 그치지 않고 대중성과 예술성을 모두 갖춘 완성된 공연 콘텐츠로 자리 잡기 위한 전략적인 선택이었다. 특히 이미지 서사, 조명 활용, 집단적 퍼포먼스 등 장이머우의 연출 방식은 이후 실경공연의 시각적 스타일을 정립하는 데 중요한 역할을 했다.

장이머우라는 이름이 더해지면서 투자자들의 신뢰도가 높아졌고, 프로젝트는 빠르게 진행되었다. 많은 사람들이 「인상·류산제」를 장이머우의 작품으로 기억하지만 그 아이디어의 출발점은 메이쑈이위안이었다는 사실을 기억할 필요가 있다. 그는 단순한 기획자가 아니었다. 실경공연이라는 새로운 장르를 개척한 창조자였다. 그의 목표는 단순한 관광상품을 만드는 것이 아니었다. 자연과 인간, 전통과 현대가 어우러지는 무대를 만들어, 그 자체가 하나의 예술이 되는 공연을 완성하는 것이었다.

「인상·류산제」 이후 메이쑈이위안이 만든 공연 중 하나가 바로 장자제張家界에서 펼쳐지는 '여우 쇼'다. '천문호선·신류해감초天門狐仙·新劉海砍樵'라는 제목으로, 후난성湖南省에서 전해 내려오는 여우와 나무꾼의 애틋한 사랑 이야기를 무대에 담아냈다. 웅장한 자연을 배경으로 신비로운 분위기를 자아내는 이 공연은 한국 관광객들 사이에서도 큰 인기를 끌며, 후난성을 찾는 이들에게 잊을 수 없는 감동을 선사하고 있다.

실경공연은 현재 중국을 넘어 세계 곳곳에서 펼쳐지고 있는데, 그 모든 시작에는 '젊지 않은 젊은 예술가' 메이쑈이위안이 있었다. 그의 무대는 지금도 계속되고 있다.

'인상'의 미학, 자연의 서사

장이머우는 영화감독이었지만, 그의 예술 세계는 스크린에만 머무르지 않았다. 2000년대 초반, 그는 푸치니의 오페라「투란도트」를 베이징의 자금성에서 연출하며 대형 공간에서 펼쳐지는 서사적 퍼포먼스의 가능성을 실험했다. 이 공연은 장대한 궁궐을 배경으로 수백 명의 배우와 화려한 조명을 활용하여 스케일과 시각적 압도감을 자아냈다. 그러나 궁궐이라는 제한된 공간에서는 그의 연출이 가진 상상력을 모두 펼치기 어려웠다. 그러는 중에 실경공연이라는 새로운 무대 형식이 그의 관심을 끌기 시작했다. 그는 광시성 리장을 배경으로 펼쳐지는「인상·류산제」의 총감독을 맡게 되면서 왕차오거 王潮歌, 판위에 樊躍 등 중국 최고의 공연 연출가들을 영입했다.

장이머우의 실경공연 '인상'은 단순한 무대 예술을 넘어 중국 대지에 새겨진 설화와 전설을 깨우고, 자연과 인간이 함께 호흡하는 장대한 서사시를 창조하는 작업이다. 그는 자연을 단순한 배경이 아닌, 공연의 일부로 녹여냈다. 최소한의 무대장치와 조명만으로도 강물은 하늘과 배우를 비추는 거울이 되고, 산은 신비로운 그림자가 되어 무대를 감싼다. 이러한 연출 방식은 자연과 조화를 이루며 장이머우만의 독창적인 공연 철학을 확립하는 계기가 되었다.

이러한 철학 아래 탄생한 '인상 시리즈'에는「인상·류산제 劉三姐」,「인상·리장 漓江」,「인상·시후 西湖」,「인상·푸퉈 普陀」,「인상·다홍파오 大红袍」,「인상·우롱 武隆」등이 포함된다. 각각의 공연은 해당 지역의 전설과 문화를 강렬한 시청각적 언어로 압축해 관객에게 깊은 여운을 남긴다.

장이머우가 말하는 '인상'은 단순한 재현이 아니다. 대사나 장황한 설명 없이도 단 하나의 강렬한 장면만으로 서사를 전달하는 무대를 창조하는 것이다. 이를 통해 한순간의 이미지가 관객의 감각에 깊이 각인되는 경험을 제공하며, 공연 자체가 하나의 거대한 '시청각적 서사'로 기능하도록 했다.

그가 구축한 실경공연의 미학은 자연과 인간의 상호작용을 극대화하는 방식으로 구현된다. 빛과 그림자의 대비, 집단적인 움직임과 소리, 물과 하늘이 반사되는 영상 효과는 단순한 이야기 전달을 넘어 관객이 직접 체험하는 강렬한 시청각적 경험으로 확장된다. 이러한 연출 방식은 그의 영화에서도 강조되는 '이미지의 서사성'과 맞닿아 있다.

그러나 강렬한 이미지 중심의 연출이 논란을 부른 적도 있다. 대표적인 사례가 「인상·류산제」 속 '달의 여신月亮女神' 장면이다. 강 위의 초승달에 실루엣으로 등장한 여신이 전라의 형상으로 춤을 추는 연출은 '자연과 신성한 여성성의 조화'라는 예술적 의도를 담고 있었다. 그러나 이 장면은 한족漢族 중심의 시각에서 소수민족 문화를 '이국적'이고 '원시적인 것'으로 소비한 것이 아니냐는 논쟁을 불러일으켰다. 이후 이 장면은 논란을 고려해 조정되었으며, 여신은 몸에 밀착되는 의상을 착용한 형태로 연출되었다. 이는 실경공연에서 소수민족의 문화와 전통이 어떻게 이미지화되고 소비되는가에 대한 중요한 질문을 던지는 사건이었다. 장이머우의 실경공연은 강렬한 인상을 남기지만, 그 과정에서 전통문화의 해석과 재현 방식에 대한 끊임없는 논의가 필요하다는 점을 시사했다.

장이머우의 연출이 항상 논란만 불러온 것은 아니다. 그의 실경공연은 자연과 조화를 이루는 무대 기술과 조명 사용, 그리고 대규모 퍼포먼스의 미학적 완성도로도 높은 평가를 받았다. 「인상·시후」에서 시후의 잔잔한 물결을 배경으로 배우들이 수면 위를 걷는 듯한 장면은 물속에 설치된 투명한 무대 구조물을 통해 구현된 것으로, 환상적인 시각적 경험을 제공했다. 이 장면은 전설과 현실이 하나로 녹아드는 순간을 극대화한 대표적인

「인상·류산제」 속 '달의 여신'. ⓒ Vanvelthem Ceédric(Cedric007), CC BY-SA 4.0, 위키미디어 커먼스

사례로, 관객들에게 신비로운 여운을 남겼다. 또한 「인상·류산제」에서 사용된 붉은 천을 휘날리는 어부들의 군무 장면은 자연의 흐름과 인간의 움직임이 조화를 이루는 연출 방식의 성공적인 예시로 꼽힌다.

  이러한 장면들은 단순한 볼거리를 넘어 관객들에게 한 편의 꿈과 같은 감각을 선사한다. 공연이 끝난 후에도 관객의 기억 속에 선명히 남아 있는 장면들, 그것이 장이머우가 말하는 '인상'의 본질이다. 실경공연은 단순한 문화 재현이 아니라 자연과 인간, 전통과 현대가 공존하는 하나의 거대한 캔버스 위에 남겨진 그림과 같다. 그리고 그 그림은 빛과 물결, 사람들의 몸짓 속에서 끊임없이 다시 그려지고 있다.

그 산, 그 강, 그곳 사람들의 이야기

서양의 옥외 공연은 무대를 세운다. 오스트리아 브레겐츠 페스티벌의 수상 무대를 떠올려보자. 호수 위에 거대한 구조물을 띄우고, 세밀하게 설계된 조명 시설을 배치하며, 관객과 배우 사이를 철저히 구분한다. 자연은 그저 배경일 뿐이거나, 공연되는 작품에 따라 매우 제한적인 역할을 할 뿐이다.

중국의 실경공연은 다르다. 무대를 따로 만들지 않는다. 강이 흐르면 강이 무대가 되고, 바람이 불면 바람이 조명이 된다. 별이 뜨면 밤하늘이 스크린이 되고, 달빛이 물결을 비추면 그것이 무대의 조명이다. 배우가 무대에 서는 것이 아니라 무대가 배우를 품는다. 공연에 따라 필요한 최소한의 무대장치와 조명만 설치된다. 자연을 그대로 살린 이 무대는 공연이 자연과 조화를 이루며, 자연과 함께 살아 숨 쉬도록 한다.

광시성 구이린의 리장에서 펼쳐지는 「인상·류산제」는 단순한 공연이 아니다. 2004년에 처음 선보인 이 작품은 그곳의 전설을 되살리고, 그곳 사람들의 기억을 일깨우는 하나의 의식과도 같다. 좡족 전설 속의 류산제는 꾀꼬리처럼 아름다운 목소리를 지닌 여인으로, 노래를 통해 감정을 전하고 지혜를 나누었다. 그러나 그녀의 노래는 단순한 즐거움을 위한 것이 아니었다. 봉건적 억압 속에서 그녀의 노래는 자유와 사랑을 갈망하는 외침이었으며, 부당한 권력에 맞서는 저항의 상징이었다. 이 공연을 준비하는 데에는 5년 5개월이 걸렸으며, 출연 인원이 600여 명에 달한다. 특히 대다수 배우는 이곳에 거주하는 농어촌 주민이다. 「인상·류산제」는 야간 공연으로 진행되기에, 낮에는 어부와 농부로 생업에 종사하던 이들이 밤이 되면 배우로 변신한다. 그들은 무대에서 단순히 연기를 하는 것이 아니라 자신의 삶을 다시 살아내며 이야기를 전한다.

「인상·리장」 속 '마방들의 북춤'. ⓒ CEphoto, Uwe Aranas, CC BY-SA 3.0, 위키미디어 커먼스

    해발 3,000미터, 붉은 황톳빛 대지 위로 눈부신 설산이 솟아 있다. 윈난성雲南省 위룽설산玉龍雪山의 찬란한 빛이 하늘을 가르자 바람이 먼지를 일으키며 휘몰아친다. 그 순간, 말발굽 소리가 깊고 웅장한 북소리처럼 산허리를 울린다. 수십 필의 말이 먼지를 헤치며 등장하고, 마방들이 굳게 다문 입술 위로 거친 숨을 토해낸다. 차마고도를 따라 이어진 고된 여정이 눈앞에서 펼쳐진다. 2006년에 처음 선보인 「인상·리장」은 하나의 공연을 넘어 대자연 속에서 살아 숨 쉬는 서사시다. 나시족纳西族, 이족彝族, 바이족白族 등 다양한 소수민족의 삶과 문화를 담아낸 살아 있는 역사다. 약 500명의 지역 주민이 배우로 참여하며, 그들의 손에는 거친 노동의 흔적이, 목소리에는 산과 강이 간직한 세월이 담겨 있다. 이 공연의 생생한 감동은 2016년 예능 프로그램 「신서유기 2」를 통해 우리나라에도 전해졌다.

「인상·시후」 속 '허선과 소백의 만남'. ⓒ Jimmy Ong, CC BY-ND 3.0

출연진은 설산을 배경으로 펼쳐지는 마방들의 장엄한 행렬과 압도적인 스케일에 감탄했다. 한 출연자는 그들이 걸어온 지난한 삶의 여정을 떠올리며 조용히 눈물을 훔쳤다.

저장성浙江省 항저우杭州의 시후에서만 가능한 「인상·시후」는 전설과 시의 향기로 가득한 공연이다. 인간 남자 허선과 뱀의 화신인 백사 간의 이룰 수 없는 사랑을 그린 고전 「백사전」이 시후를 배경으로 다시 태어난다. 물위에 설치된 최소한의 무대와 조명이 시후의 밤을 신비롭게 물들이고, NHK의 다큐멘터리 「실크로드」의 사운드트랙을 제작한 작곡가 기타로의 음악이 관객을 시간 속으로 데려간다. 물안개가 피어오르면 현실과 전설의 경계는 흐려지고, 한때 이곳을 거닐었던 시인과 연인들의 속삭임이 다시 살아난다.

실경공연은 '그곳'에서만 가능하다. '그' 산, '그' 강, 그리고 '그곳' 사람들의 이야기가 살아 숨 쉬는 공간이기 때문이다. 이 공연은 인위적인 연출이 아니라 그 땅의 일부이며 '그' 산, '그' 강, 그리고 '그곳' 사람들이 기억하는 이야기다. 서양의 공연이 거대한 무대를 세우고 빛과 기술로 공간을 조작한다면, 중국의 실경공연은 자연과 삶 자체를 무대에 올린다. 배우들은 무대 위에서 연기를 하는 것이 아니라 그들이 살아온 삶을 다시 한 번 반복할 뿐이다. 그것이 곧 예술이 된다.

'그' 강 위에서는 류산제의 노래가 다시 울려 퍼지고, '그' 산 아래에서는 나시족의 북소리가 대지를 흔든다. 그리고 '그' 호수 위에서 허선과 백낭자의 사랑이 다시 태어난다.

자연과 예술의 공명, 그리고 그 울림

2008년 어느 날 밤, 많은 이들이 텔레비전 앞에 앉아 MBC 다큐멘터리 「춤추는 도시」를 지켜보았다. 화면 속에서 펼쳐지는 중국의 실경공연 '인상'은 사람들의 눈과 마음을 사로잡았다. 그것은 하나의 공연이 아니라 자연과 인간이 어우러져 빚어낸 한 편의 서사시 같았다. 공연이 끝나자 사람들은 새로운 가능성을 발견한 듯했다.

그리고 얼마 지나지 않은 2009년 여름, 대전의 갑천 위에서 한국 최초의 실경공연 「갑천」이 첫 막을 올렸다. 밤하늘 아래 펼쳐진 이 공연은 고려시대의 슬픈 역사, 망이·망소이의 난을 이야기하며 관객들을 먼 과거로 안내했다. 웅장한 고려성 세트가 강 위에 우뚝 서고, 그 아래로 수많은 뗏목이 부드럽게 흘러가자 마치 1,000년 전 그날의 함성이 강물에 녹아 흐르는 듯했다. 별빛 아래 펼쳐지는 아름다운 춤사위는 관객들의 숨을 멎게 할 만큼 환상적이었다.

이야기는 여기서 끝나지 않았다. 이듬해인 2010년, 부여와 공주는 '세계대백제전'을 맞아 자신들의 이야기를 준비했다. 부여의 「사비 이야기」는 백제의 화려했던 문화를 마치 어제 일처럼 펼쳐냈고, 공주의 「사마 이야기」는 웅진시대 백제의 역사를 자연 속에서 아름답게 되살려냈다. 같은 해 안동에서는 하회탈의 슬픈 사랑 이야기를 담은 「부용지애」가 공연되어, 자연 속에서 흘러나오는 애절한 노래와 춤으로 관객들의 마음에 깊은 울림을 전했다. 그리고 2022년에는 수원 화성에서 정조의 효심과 개혁 의지를 주제로 한 대형 실경공연이 펼쳐져 큰 호평을 받았다. 역사 속 정조의 수원행과 화성 축성 과정을 시청각 기술과 웅장한 무대로 구현한 이 공연은 과거와 현재가 맞닿는 실경 서사의 또 다른 진화를 보여주었다.

수원 화성에서 펼쳐진 정조 대왕 친위부대 장용영 군사들의 야간 훈련 '야조夜操' 재현 장면. ⓒ 한국관광공사, 공공누리 제1유형

이들 공연은 중국의 실경공연에서 시작된 아이디어를 품고 있었지만, 그 안에는 한국 고유의 정서와 아름다움이 깃들어 있었다. 중국이 지역 주민과 함께 공연을 만들어낸 반면에 한국은 전문 연기자들을 중심으로 전통 이야기와 현대적 미학을 조화롭게 버무리며 독특한 공연을 완성했다. 이런 흐름은 한국에서만 시도된 것이 아니어서 베트남의 하롱베이는 자

신들의 전설을 공연으로 만들어 여행객에게 아름다운 추억을 선사했고, 유럽의 여러 나라에서도 자연을 무대로 삼는 이 특별한 형식이 주목받으며 공연 예술계에 새로운 바람을 일으켰다.

젊지 않은 젊은이 메이쇼이위안이 시작한 이 모든 이야기는 자연과 인간, 역사와 예술의 아름다운 공명에서 시작되었다. 이 특별한 공연들은 단지 화려한 볼거리에 그치지 않고 우리 내면의 기억과 감성을 자극하며 오래도록 마음속에 잔잔한 울림을 남긴다. 그리고 이 울림은 앞으로도 더욱 다양한 방식으로 확장될 것이다. 실경공연은 디지털 기술과 결합해 새로운 차원의 예술을 창조할 가능성이 높다. 프로젝션 매핑, 증강현실 AR 등의 기술이 자연과 조화를 이루며 더욱 다채로운 시각적 경험을 선사할 수 있을 것이다. 그러나 그 본질은 변하지 않는다. 인간과 자연이 함께 만들어 가는 이야기, 그리고 그것을 바라보는 우리의 감동은 여전히 실경공연의 중심에 남아 있을 것이다.

안영은

한국외국어대학교와 베이징대학에서 중국 현대문학을 연구했으며, 현재 한국외국어대학교 중국연구소 학술연구교수로 재직 중이다. 최근에는 중국 현대문학과 대중문화를 가르치고, 중국 영화를 중심으로 중국인의 기억 속에 한국전쟁이 어떻게 재현되는지에 관한 연구를 진행 중이다. 지은 책으로 『현대중국학특강』, 『스토리텔링 베이징』이 있고 옮긴 책으로 『수신기』, 『망각을 거부하라』, 『야만의 시대, 지식인의 길』 등이 있다.

뉴미디어와 전통문화의 만남

공연 「웨둥둔황」

송정화

호선무를 추는 여인, 호선무를 추는 여인
마음을 현악기 소리에 맞추고, 손은 북소리에 맞춘다.
현악기와 북이 울리면, 두 소매를 들어 올려
휘날리는 눈처럼 사뿐히 도는데 회오리바람보다 빠르네..
왼쪽으로 돌고, 오른쪽으로 돌아도 피곤함을 모르고
수천수만 번을 돌아도 멈추지 않는다.
세상 무엇과도 비교할 수 없을 정도이니
달리는 수레바퀴도 느려 보이고, 회오리바람조차 둔해 보이네.

_백거이, 「호선녀胡旋女」

당나라 시인 백거이白居易(772~846)는 '호선무胡旋舞'를 추는 이국적인 여인의 모습을 포착해 시 속에 담아냈다. '호胡'는 중국의 서북 지역 혹은 그곳 사람들을 오랑캐로 구분해 부르는 말이다. 서역의 음악에 맞춰 빠르게 도는 호선무는 당나라의 춤사위와 달라서 장안長安에서 큰 인기를 끌었다. 당나라 수도 장안은 실크로드를 통해 들어온 세계 각지의 상인들로 북적였고, 그들이 가져온 특별한 예술품으로 넘쳐났다. 당시에 문화예술이 번영할 수 있었던 것은 한족漢族 문화의 바탕 위에 서역의 문화를 받아들인 '호한胡漢 융합'의 성공적인 결과였다. 당나라는 중국 것만 고집하지 않았고 다양한 문화를 두루 수용했다. 음악에서는 서역의 구자악龜玆樂을 받아들여 궁정음악인 연악燕樂의 기초로 삼았다.

서역의 악사 소지파, 장안으로 가다

공연 「웨둥둔황」은 2019년 10월 란저우蘭州에서 초연되었고, 코로나19 기간에 잠시 휴지기를 가졌다가 2023년부터 둔황에서 재상연되었다. '음악이 생동하는 둔황樂動敦煌'이라는 제목에서 알 수 있듯, 이 작품은 '음악'을 통해 둔황 예술을 알리고자 했다.

공연 「웨둥둔황」의 포스터.

「웨둥둔황」의 주인공 백흠白歆은 서역의 악사樂師 소지파蘇祗婆에서 모티브를 따왔다. 오늘날 중국 10대 음악가로 추앙되는 소지파는 원래 중국이 아닌 서역의 구자龜玆 출신이었다. 구자는 중국의 신장新疆 위구르 자치구의 쿠차庫車 지역으로, 오랜 시간 중국 밖의 외국이었다가 청나라에 와서야 비로소 중국 땅이 되었다.

소지파는 6세기에 구자국에서 태어났는데, 그의 아버지는 유명한 음악가였다. 음악가 집안에서 성장하며 음악 신동으로 이름을 날리던 소지파는 일찌감치 궁정의 악공樂工이 되었다. 그러던 어느 날 그는 구자국의 통치자였던 돌궐突厥 가칸可汗의 딸인 아사나阿史那 공주를 따라 북주北周의 수도 장안으로 가게 된다. 음악을 즐겼던 아사나 공주를 떠나보내며 가칸은 사랑하는 딸을 위해 대규모의 악단을 꾸려 보냈고, 그때 소지파도 악단의 일원으로 북주에 가게 된 것이다. 북주와 수나라를 거치면서 소지파는 구자악을 중원에 전파했고, 이는 당나라 궁정음악의 기초가 되었다.

「웨둥둔황」은 중국과 서역의 음악을 융합하여 새로운 예술 경지를 펼친 소지파의 일생을 감동적으로 보여준다. 「웨둥둔황」의 첫 번째 무대인

「웨둥둔황」의 주인공 백흠이 천상에서 내려와 비파를 연주하는 모습. ⓒ송정화

장경동藏經洞에서 백흠(소지파)은 비파를 연주하며 독무를 춘다. 백흠이 공연을 마치면 장경동의 커다란 문이 열리고, 다음 공간이 펼쳐진다. 관객은 백흠의 실크로드 여행길에 동참하여 공간을 이동하면서 새로운 무대를 체험한다.

뉴미디어가 펼치는 옛이야기

「웨둥둔황」은 실크로드의 도시인 둔황을 배경으로 소지파의 예술적 열정을 스토리텔링했다. 사실 소지파라는 인물도, 둔황이라는 도시도 관객에게는 생소할 수 있다. 그러나 공연은 최첨단의 디지털 미디어 기술을 활용하여 역사 속에 묻혔던 고대 음악가의 위대한 삶을 감각적으로 풀어냈다.

「웨둥둔황」은 AI 기술을 통해 고대 서역의 음악, 춤, 미술, 문학을 복원했고 VR, 홀로그램, LED스크린, 인터랙티브 디지털 기술 등을 활용해 오

둔황의 장경동을 본뜬 「웨둥둔황」 공연장 입구. ⓒ송정화

고대의 서역 문자가 벽에 새겨진 장경동을 본뜬 공연장 내부. ⓒ송정화

감을 자극하는 체험 위주의 경험을 제공한다. 이 공연은 무대 연출에서부터 일반적인 공연과는 다른 시도를 했다. 「웨등둔황」에서 관객은 가만히 앉아서 공연을 관람하는 것이 아니라 처음 공연장 문이 열림과 동시에 장경동 안으로 이동하면서 공연을 직접 체험한다. 이처럼 관객이 능동적으로 공연의 서사를 구성하거나 참여하는 공연을 '몰입형 공연Immersive Theatre'이라고 하는데, 「웨등둔황」은 중국에서 몰입형 공연의 성공적인 모델로 꼽힌다.

첫 번째 장에서는 백흠이 비파를 연주하며 춤을 추는 장면이 홀로그램과 LED 조명으로 연출된다. 이 장면은 어두운 장경동과 빛의 대조를 이루며 관객의 시선을 사로잡는다.

둔황 벽화를 재현한 무대 위에서 비파를 연주하는 백흠. ⓒ송정화

 뒤이어 장경동의 벽 위로 사막의 황금빛 모래가 바람에 흩날리고, 서역의 문자들이 계속해서 나타났다가 사라진다. 관객은 실크로드를 여행하는 백흠을 따라 두 번째 장으로 이동한다.

 두 번째 장은 백흠이 실크로드의 음악과 미술을 경험하며 자신의 음악적 영감을 확장하는 내용을 표현했다. 관객은 살아 있는 보살들을 눈앞에서 관찰하고, 관객의 움직임에 따라 반응하는 금강金剛을 실감 체험한다. 공연장 벽 위에 홀로그램으로 재생되는 천불동千佛洞 벽화를 보고 서역의 음악을 들으면서, 관객은 시간을 거슬러 실크로드 한복판에 서 있는 자신을 발견하게 된다.

역사를 문화관광산업으로

「웨등둔황」의 공연장은 총면적이 2,600제곱미터이고, 200일에 걸친 아이디어 제작 과정과 제작진 117명의 협업으로 탄생했다. 「웨등둔황」은 원래 둔황을 문화관광단지로 조성하기 위한 프로젝트의 일환으로 제작되었으므로, 공연장은 전시장, 상점, 시장이 합쳐진 복합공간 형태로 구성되어 있다. 공연장의 동선은 여행객이 공연을 보고 바로 귀가하는 것이 아니라 전시장을 관람하고 '상위안야지上元雅集' 가게 거리에서 굿즈를 구입하게 되어 있다. 가게는 다시 상위안 시장으로 이어져 있어 관객은 양러우촨羊肉串, 러우자모肉夾饃 등 서역 음식을 맛보고 호선무를 감상하며 둔황의 정취에 흠뻑 빠져든다.

최근 중국은 전통문화를 여행과 연결하여 상품화하는 데 막대한 자본

「웨등둔황」 공연장 옆의 옛 실크로드 시장을 재현한 상위안 시장. ⓒ송정화

둔황의 광활한 사막과 장경동의 풍경. ⓒ송정화

을 투입하고 있다. 이러한 '문화관광산업文旅産業'은 역사적으로 유명한 도시를 중심으로 추진되고 있으며, 둔황도 그중 하나다.

둔황은 어떤 역사적인 의미를 간직한 도시일까? 둔황은 오늘날 간쑤성甘肅省 주취안시酒泉市에 있고, 그 역사는 기원전 1세기 초 한 무제漢武帝 때까지 거슬러 올라간다. 서역 진출의 야심을 지녔던 한 무제는 둔황을 서역 진출의 기지로 삼아 둔황군을 설치했고, 옥문관玉門關과 양관陽關의 두 관문을 두어 중국과 서역의 경계로 삼았다. 한대 이후로 둔황은 이주 한인漢人뿐 아니라 페르시아인, 투르크인, 인도인 등 여러 종족이 어울려 살아가는 접촉 지대로서 독특한 도시 문화를 형성했다.

4세기 중엽부터 둔황에서는 인도의 영향을 받아 불교문화가 융성했고, 천불동과 같은 석굴사원이 축조되었다. 5호 16국 시대에 이르러 둔황은 서량西凉(400~421년)의 수도가 되었으며, 서량이 멸망한 뒤에도 북위, 수, 당의 지배를 받으면서 중서中西 교류의 중심 역할을 했다. 그러나 11세기에 서하西夏의 강역이 되면서 둔황은 쇠락의 길을 걷는다.

사실 둔황은 대부분 사막이라서 사람이 거주하거나 문명이 일어나는 데에는 적합하지 않다. 고대에는 실크로드의 중심 도시로서 상인과 불교 승려들이 머물며 문물의 교류가 일어나고 예술도 융성했지만, 지금은 젊은이들이 대도시로 떠나버려 도시 공동화의 위기에 직면해 있다.

그런데 최근 들어 낙후되었던 둔황이 활력을 되찾고 있다. 2019년 시진핑 국가주석

둔황의 불교예술을 소재로 한 공연 「첸서우첸이안」의 포스터.

이 둔황을 방문해 그곳의 역사와 문화적 가치를 언급하고 일대일로一帶一路의 거점 도시로서 정치·경제적인 의의를 강조하면서, 둔황에 훈풍이 다시 불고 있는 것이다.

중국은 국가 통치자의 생각이 국정 전반에 큰 영향을 미친다. 국가주석이 둔황에서 연설을 하자 간쑤성의 성省 정부는 둔황 개발을 위해 일사불란하게 문화 사업을 추진했다. 「웨둥둔황」을 비롯해 2019년 이후로 제작된 「첸서우첸이안千手千眼」, 「요우젠둔황又見敦煌」, 「둔황성뎬敦煌盛典」, 「쓰루화위絲路花雨」, 「따멍둔황大夢敦煌」 등은 모두 정부의 문화관광산업을 위해 제작된 공연이다. 이 작품들은 뉴미디어를 활용해 여행객에게 둔황 예술을 알리고, 지역 경제를 살리는 역할을 톡톡히 해내고 있다.

전통의 부활과 중국몽

중국은 수천 년의 역사와 풍부한 문화 자산을 지닌 나라이다. 그러나 중국이 처한 특별한 정치적 상황 때문에 얼마 전까지도 전통문화를 세계인의 눈높이와 감성에 맞춰 콘텐츠화하는 데 한계가 있었다. 그런데 최근 중국이 이룩한 뉴미디어 기술의 눈부신 발달은 잠자던 중국의 전통문화를 새로운 차원의 예술로 부활시키고 있다.

AI 등 최첨단 과학기술에서 미국과 주도권을 다툴 만큼 도약하는 중국을 볼 때, 앞으로 그들의 공연 예술에서 뉴미디어의 활용은 더욱 가속화될 전망이다. 미래의 중국은 경제뿐 아니라 문화예술에서도 미국과 위상을 다투게 될 것이다.

중국의 문화예술 발전 정책은 시진핑 정부가 지향하는 '중국몽 中國夢'의 구체적인 실현 방안 중 하나다. '중화인민공화국 국민 경제 및 사회 발전을 위한 제14차 5개년 계획과 2035년 장기 목표 개요'에 따르면 중국 정부는 전통문화를 활용해 관광 사업을 일으키고, 독특하고 매력적인 문화관광 체험을 창출하고자 한다. 풍부한 문화유산을 지닌 도시에 세계적인 수준의 관광 명소와 리조트를 건설하고 공연 예술을 발전시키는 것은 중국이 꿈꾸는 미래 발전 계획 중 일부이다.

토마스 만은 '예술의 휴머니즘은 전적으로 비정치적 속성을 지니고, 예술의 성장은 국가의 형태나 사회 형태와 무관하다'라고 말했다. 그러나 국가가 모든 것에 영향을 미치는 중국의 경우, 예술에도 국가의 정치 지향이 깊이 스며들어 있다. 「웨둥둔황」은 고대 서역의 악사 소지파의 음악적 열정을 춤과 노래로 아름답게 표현하여 깊은 감동을 준다. 그러나 「웨둥둔황」의 메시지는 단순히 예술적 감동에만 있지 않다. 「웨둥둔황」은 구자 음악가의 스토리를 통해 오늘날 중국이 지향하는 소수민족 포용 정책과 민족 대통합의 메시지를 은밀하게 전달한다.

중국의 문화예술을 접하면 그 깊이와 아름다움에 감탄하게 되지만, 지금 중국은 그처럼 단선적인 소회만 품기엔 너무도 복잡한 나라이다. 우리와의 관계 또한 수천 년 동안 정치, 경제, 문화 등 모든 부문에서 교류와 갈등으로 점철된 역사를 갖고 있다. 분명한 것은 현재의 중국이 옛 중국의 연장선상에 존재하며, 오늘날의 중국 문화 속에 고대 중국의 전통이 여전히 살아 숨 쉰다는 사실이다. 우리는 중국의 옛 문화를 단순히 감상하는 것을 넘어, 지금 중국이 전통을 어떻게 해석하고 정치적으로 활용하는지, 전통의 재현 방식에 주목할 필요가 있다. 오늘 우리가 더불어 살아가고 앞으로도 공존을 모색해야 할 대상은 바로 현재의 중국이기 때문이다. 이런 점에서 공연 「웨둥둔황」은 우리가 중국을 더 깊이 이해하고 상호 공존의 길을 모색하기에 적절한 이정표 중 하나다.

송정화

이화여자대학교를 졸업하고 고려대학교와 중국 푸단대학에서 박사학위를 받았다. 현재 충북대학교 중어중문학과 교수로 재직 중이다. 중국의 신화와 소설, 서사와 문화콘텐츠를 오랫동안 연구해왔다. 최근에는 역사 지리류 서사에 관심을 두고 연구 중이다. 지은 책으로 『중국 여신 연구』, 『서유기, 텍스트에서 문화콘텐츠까지』, 『신화와 여성으로 읽는 중국 문화』, 『중화명승』 등이 있고 옮긴 책으로 『대당삼장취경시화』, 『중국, 여성 그리고 역사』, 『전통시기 중국의 안과 밖』 등이 있다.

손안의 작은 우주, 그 무한한 이야기

타이완의 포대희

전주현

　손바닥만 한 인형이 아름다운 자수가 수놓인 비단옷을 입고 엉킨 머리를 앞으로 넘겨 긴 머리를 우아하게 빗어낸다. 손에 들고 있는 쥘부채를 펴서 흔들며 더위를 식히고, 또 다른 인형은 탁자 앞에 앉아 붓을 들어 글씨를 쓴다. 인형이 든 담뱃대에서는 연기가 뻐끔뻐끔 피어오르고, 자그마한 종이우산을 활짝 펴서 비를 피한다. 두 인형이 창과 검을 휘두르고 찌르며 현란한 무술 대결을 벌이는 것은 이 인형극에 언제나 등장하는 단골 장면이자 관객 모두가 기대하는 하이라이트이다. 인형의 표정은 바뀔 수 없는데도 그 동작들의 움직임이 얼마나 섬세한지 마치 기분에 따라 인형들의 표정이 변화하는 것만 같다. 이렇듯 정교한 인형 연기는 모두 예인藝人의 손바닥掌 안에서 이루어진다. 그래서 타이완 포대희布袋戲의 또 다른 이름은 '장중희掌中戲'이다.

　포대희의 '포대'는 우리가 익히 아는 그 포대 자루를 의미한다. 포대희의 인형이 자루 형태이기 때문이라는 의견도 있고 인형을 자루에 넣어서

타이완 부얼우극 不貳偶劇 극단의 정교하고 아름다운 전통 손 인형과 섬세한 인형 연기 장면. ⓒ전주현

다녔기 때문이라는 설, 초기 인형극은 사람들이 자루를 뒤집어쓰고 무대에서 공연했기 때문이라는 이야기 등이 있다. 어떤 해석이든 인형을 활용하는 이 공연 예술이 포대와 다양하게 연결되어 있음을 알 수 있다.

포대희는 중국의 전통극에서 많은 영향을 받았다. 극의 주제나 내용은 물론이고 인형의 복식이나 얼굴 분장도 경극의 영향을 받은 것으로 보인다. 특히 근대 들어 타이완에서는 포대희에 경극의 빠르고 경쾌한 음악을 도입한 것이 대중성 획득에 큰 역할을 했다.

포대희가 기존의 전통극과 가장 다른 점은 예인 한 명이 인형의 동작과 대사, 그리고 때로는 노래까지 해야 한다는 것이다. 그래서 타이완의 연구자 우밍더吳明德는 '한 명이 대사와 설명을 모두 담당一人口白'하고, '하나의 입으로 1,000가지 옛이야기를 말一口說出千古事'하며 '열 개의 손가락으로 100만 명의 군사를 움직이十指舞弄百萬軍'는 것이 '타이완의 포대희'라고 정의했다.

타이완 포대희의 인형은 그 자체로도 아름다운 예술품이라고 할 수 있다. 얼굴과 목, 그리고 손과 팔목 정도까지는 나무를 섬세하게 조각하여 만들고 나머지 몸통은 아름다운 의복으로 감싼 빈 자루 형태이다. 인형의 얼굴은 각 캐릭터의 대표적 특징을 담아 세밀하게 조각하고 채색하며, 비단 의복에는 화려하고 정교한 자수를 수놓는다. 공연이 펼쳐지는 무대인 채루彩樓의 뛰어난 조각까지 더해져 포대희는 공예의 범주까지 확장된 예술이라고 할 수 있다.

타이완에서는 '장중희'라는 이름을 더 선호하는 극단이 많이 보이는데, 이는 이 기예가 인형을 움직이는 예인의 손에서 피어나는 것이기 때문이다. 단순한 형태의 손 인형을 움직여본 사람은 많겠지만, 타이완 포대희의 인형 연기는 그런 손놀림과는 차원이 다르다. 검지나 중지로 얼굴 부분을 지탱하고 나머지 손가락으로 팔과 몸통을 자유자재로 움직이며 다채로운 동작을 보여준다. 때로는 한 명이 양손에 인형을 하나씩 끼고 1인 2역을 펼치고, 섬세한 연기가 필요할 때는 인형 하나를 움직이는 데 두 손을 다 사용하거나 보조의 도움을 받는다. 작은 인형 안에서 손가락들은 각기 다른 움직임을 만들어내야 한다. 오랜 시간을 두고 갈고닦아야만 도달할 수 있는 경지이다. 마치 살아 숨 쉬는 것 같은 생생한 인형 연기를 완성하는 예인에게는 거장이라는 찬탄이 절로 나온다.

포대희가 타이완 땅에 처음 발을 디딘 건 대략 청나라 중엽, 즉 17세기 이후로 추측된다. 중국에서는 이미 명나라 중엽부터 푸젠성福建省 남부 지역에서 포대희가 큰 인기를 끌고 있었다고 한다. 그러다가 청나라 시대에 타이완이 청의 영토로 편입되면서, 타이완과 가까운 푸젠성 사람들이 대거 타이완으로 이주하게 되었다. 이들의 이동과 함께 고향인 민난閩南(푸젠성 남부 지역을 부르는 또 다른 이름) 지역에서 인기 있던 포대희도 자연스럽게 타이완으로 건너오게 된 것이다. 낯선 땅에서 고향을 그리워한 이들은 포대희를 함께 즐기며 서로를 위로하고 힘을 얻었을 것이다.

성이 다른 아버지와 아들

1998년에 작고한 리티엔루李天祿는 타이완에서 가장 유명한 포대희 예인 중 한 명이다. 타이완 영화계의 거목 허우샤오시엔候孝賢 감독의 「비정성시悲情城市」(1989년)와 「희몽인생戱夢人生」(1993년)에 출연하여 세계적으로도 알려졌기 때문이다.

물론 그는 단순히 유명한 영화를 등에 업고 이름을 알린 사람이 아니다. 리티엔루는 타이완 포대희 분야의 발전사에 뚜렷한 족적을 남긴 국보급 예인이었다. 특히 전통 포대희의 예술성을 높이는 동시에 대중적 인기를 이끌었던 중요 인물 중 한 명이었다. 그리고 그의 스타일을 가장 잘 이어받은 인물이 바로 그의 아들 천시황陳錫煌이다. 아버지의 성은 '리'인데 아들의 성은 '천', 두 사람 모두 예명이 아닌 본명이다. 그들의 성이 엇갈리듯 부자父子의 마음도 통하기 어려웠는데, 그럼에도 포대희 예술 세계에서는 두 사람이 진하게 이어져 있음을 느낄 수 있다. 이러한 가족사를 우리는 「희몽인생」과 「홍합자紅盒子(붉은 상자)」(2018년)라는 영화 두 편에서 읽을 수 있다.

「비정성시」는 타이완의 평범한 가정에 들이닥친 현대사의 비극을 담담하게 그려낸 영화로, 리티엔루는 아버지 린아루林阿祿를 연기했다. 그리고 이 인연이 이어져 '우사偶師(인형을 조종하여 연기하는 사람)'로서의 리티엔루의 삶은 「희몽인생」으로 필름에 담기게 된다.

영화는 배우들의 연기가 펼쳐지는 극영화와 리티엔루가 직접 들려주는 인생 이야기가 교차하며 전개된다. 포대희 예인 가문에서 태어난 리티엔루는 어려서부터 포대희에 남다른 재능을 보였다. 무책임한 아버지와 계모 슬하에서 불화를 겪은 그는 열 살 무렵 집을 나와 각지를 유람하는 포대희 극단에 몸담게 된다. 야외에 소박한 가설무대를 설치하여 공연한 이 시기의 포대희가 영화 속에 잘 표현되어 있다. 무대 앞에 간이 의자를 놓고 극을 감상하며 환호하는 수많은 관객의 모습에서 당시 포대희의 인기를 알 수 있다.

어린 시절부터 실력이 뛰어났던 리티엔루는 스물두 살이라는 젊은 나이에 자신의 극단 '역완연亦宛然'을 창단하며 포대희 분야에서 입지를 굳힌다. 그러나 일본이 본격적인 전쟁 태세에 들어가면서 식민지 타이완은 전쟁의 병참 기지가 되고, 포대희도 그 혼란에서 자유로울 수 없었다. 일본의 사상 통제가 더욱 강해지면서 타이완어(중국어의 방언 중 하나로, '민난어'라고도 한다)를 쓰지 못하게 하고 전통 공연 예술인 포대희에도 여러 제약이 가해졌다. 내용에 대해 철저한 검열이 이루어지고, 타이완어로만 공연되던 포대희도 일본어를 사용하도록 강요당했다. 복식 또한 중국풍에서 벗어나 현대풍이거나 일본풍이어야 했다. '황민화 정책'이 강해지던 시기에 공연된 이러한 극은 '황민극皇民劇'이라 불렸는데, 영화 속의 리티엔루도 일본의 전쟁을 선전하는 황민극을 공연하게 된다.

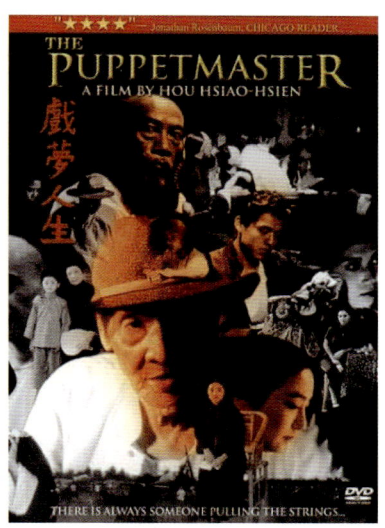

포대희 예인 리티엔루의 인생 역정을 줄기로 타이완의 파란만장한 근대사가 담긴 영화 「희몽인생」의 포스터.(1993년)

영화 「희몽인생」은 일본의 패망으로 막이 내렸지만, 다큐멘터리 영화 「홍합자」에서는 리티엔루의 아들 천시황의 이야기가 이어진다. 영화 속에서 천시황은 아버지가 데릴사위가 되면서 형제 중 자신만 다른 성을 갖게 되었다는 사연을 털어놓는데, 장남은 어머니의 성을 따르는 타이완의 관습에 따라 아버지와 다른 성을 갖게 된 것이다.

아버지와 성은 다르지만 같은 길을 걷게 된 천시황은 아버지에 필적하

포대희 예인 천시황과 그의 손 인형들. 천시황은 타이완 문화부에서 인정한 포대희 예술의 중요 보존자인 동시에 포대희 인형 관련 제작 기술의 보존자이다. ⓒ 陳錫煌傳統掌中劇團

는 기예를 인정받으면서도 끝없이 아버지의 뒤를 좇아야 했다. 천시황은 아버지에게 인형 다루는 법을 배운 적이 없다고 말한다. 자신의 기예는 아버지의 공연을 곁에서 보며 스스로 익혔다는 것이다. 그는 어린 시절부터 아버지의 공연을 도왔는데, 어느 날 아버지에게 호되게 혼나며 인형으로 맞은 후 집을 뛰쳐나가기도 했다고 한다. 포대희는 진절머리가 나서 다른 일을 해보려 했지만, 결국 몇 년 만에 포대희를 놓지 못하고 돌아왔다. 「홍합자」는 아버지와 아들의 애증 관계를 잘 보여준다. 그래서였을까, 영문 제목은 'Father'이고, 한국에는 '희몽인생 : 아버지와 아들'이라는 제목으로 소개되었다.

가족 중 홀로 다른 성을 가진 소외감 때문이었을까? 천시황은 아버지가 돌아가신 후 아버지의 극단 '역완연'을 물려받지 않고 자신만의 새로운 극단을 창립한다. 그렇게 해서라도 아버지와는 다른 길을 걸으려 했는지 모른다. 하지만 리티엔루 인형극의 정수를 가장 잘 이어받은 이 또한 천시황이다. 그는 인형의 정교한 움직임과 아름다운 복식, 또 화려한 공연 무대를 지키고자 한다. 또 자신의 기예를 이어받을 후학들을 키워내기 위해 많은 노력도 해왔다. 타이완의 손 인형극을 알리기 위해 수많은 해외 공연도 마다하지 않았던 천시황의 '희몽인생'은 90세가 넘은 지금도 이어지고 있다.

전통을 계승하는 또 다른 방법

전통 포대희를 가능한 한 그대로 지키고자 노력한 사람들로 리티엔루와 천시황 부자가 있었다면, 또 다른 한쪽에는 현대인의 취향에 맞게 포대희를 개량하고자 하는 사람들이 있었다. 이들 역시 타이완의 유명 포대희 가문 중 하나인 황씨 가문의 후예로, 현대 기술의 발전과 유행의 변화를 적극적으로 받아들여 포대희에 큰 변화를 가져왔다.

변화의 물결을 일으킨 첫 번째 성공작은 타이쓰台視 채널에서 방송했던 황쥔슝黃俊雄의 「운주대유협雲州大儒俠」이었다. 평균 시청률 90퍼센트라는 전무후무한 성적을 기록할 정도였으니, 요즘처럼 채널이 많지 않고 오락거리가 드물었던 시대였음을 감안하더라도 그 인기는 가히 폭발적이었다. 이 작품의 성공 비결은 무엇보다 독창적인 이야기에 있었다. 이미 줄

거리를 알고 그날 공연에서 어떠한 재미와 기예를 보여줄 것인가에 초점을 맞추던 포대희 감상이 앞으로 어떤 이야기가 펼쳐질지 궁금증을 불러일으키는 방식으로 변화한 것이다. 여기에 주인공 '사염문史艷文'은 비장한 영웅 협객으로 시청자들의 마음을 사로잡았고, 오랫동안 포대희의 스타 캐릭터로 사랑받았다.

이들의 도전은 여기서 그치지 않았다. 황권슝의 아들들은 더욱 과감한 시도를 했는데, 포대희만 방영하는 전문 채널 '벽력위성방송국霹靂衛星電視台'을 설립하고 포대희 극단의 운영과 마케팅을 현대화했다. TV 방영을 위한 포대희는 이제 드라마나 영화처럼 카메라의 위치를 바꿔가며 촬영을 하여 다양한 각도와 앵글로 만들어진다. 공연 무대도 두세 명이 겨우 들어갈 수 있는 '희대戲臺'(전통극의 공연 무대를 이르는 말)에서 벗어나 각 장면에 맞는 무대 배경이 사실적으로 만들어져 배치된다. 거기에 영상 연출 기법이 더해지고, 현대적 기술의 도움을 받은 다양한 특수 효과를 적극 활용한다. 또한 인형은 눈과 입을 움직일 수 있도록 만들었고, 인형의 크기도 손바닥만 한 크기에서 사람의 상반신을 넘어갈 만큼 커졌다. 외모도 디즈니 인형처럼 또렷하고 아름다워졌으며, 전통극의 양식화된 의상에서 벗어나 마치 무협 드라마 주인공 같은 사실적인 복식을 추구했다.

이 새로운 포대희의 가장 큰 매력은 포대희의 주요 콘텐츠인 무협 장면을 다채롭게 구성할 수 있다는 점이다. 하늘을 날아다니고 공중에서 부딪치고 그 여파로 주변 땅이 파괴된다. 이들의 무공이 번쩍번쩍하는 빛과 펑펑 터지는 돌과 흙더미 등으로 화려하게 표현된다. 이러한 포대희는 시청자에게 더욱 큰 눈요깃거리를 제공했고, 텔레비전이라는 매체를 통해 새로운 관객층도 확보했다. 그전까지는 민난어를 알지 못해 즐기지 못한 외성인外省人(1949년 중국이 공산화되며 타이완으로 이주한 사람들)도 텔레비전 자막의 도움으로 포대희를 감상할 수 있게 된 것이다.

1990년대 말, 벽력 포대희는 다시 새로운 시도를 하게 되는데, 그 작품이 바로 「성석전설 聖石傳說」(2000년)이다. 이 작품은 텔레비전 포대희를 제작한 경험을 바탕으로 한 극장용 포대희 영화였다. 총 제작비 3억 타이완 달러(한화 약 120억 원)를 투자한 이 대작 영화는 타이완뿐 아니라 일본과 중국, 한국에도 진출하여 관객층의 확대를 꾀했고, 당시 한국에서도 독특한 인형 무협극의 매력에 빠진 마니아가 생겨났다.

2010년대 이후에는 전 세계의 대중문화 업계에 엄청난 지각 변동이 일어났다. 유튜브, 모바일폰, OTT 등은 텔레비전이나 영화 같은 기존 영상매체의 입지를 흔들어놓았다. 포대희 분야 역시 그 흐름을 피할 수 없어 새로운 돌파구를 강구해야 했다. 2016년 첫 시리즈가 발표되어 4개 시즌의 텔레비전 시리즈와 세 편의 극장판이 만들어진 「동리검유기 東離劍遊紀」는 포대희에 새로운 지평을 연 작품이다. 한국에는 '썬더볼트 판타지 Thunderbolt Fantasy'라는 영문 제목을 달고 일본과 타이완의 합작 애니메이션으로 소개되었다.

텔레비전 포대희는 이미 다양한 촬영과 편집 등의 영상 기법을 적극적으로 활용하여 점토나 나무 인형 애니메이션 등과 구분하기 어려울 정도로 변화했다. 벽력 미디어 霹靂多媒體는 이러한 변화를 긍정적으로 받아들이고,

3~4세 어린이만 한 크기에 아름다운 얼굴과 화려한 의상으로 꾸며진 벽력 포대희 인형. 전통 포대희 인형과 확연히 다른 면모로 인형의 팬덤까지 생겨나고 있다. ⓒ전주현

더욱 적극적으로 애니메이션 작품을 제작하기 위해 일본 애니메이션 전문가들과 협업을 시도한다. 극본은 일본 작가가, 연출은 타이완 감독이, 음악은 일본 뮤지션이, 또 인형 캐릭터 디자인을 일본에서 담당하는 등 각자 강점을 가진 분야의 업무를 분담하여 작품을 완성했다. 완성된 결과물은 놀라울 정도다. 최첨단 특수 효과와 우사들의 뛰어난 인형 연기가 포대희의 격렬한 무협 액션에 더해져 낯선 인형극이라는 사실조차 잊게 만든다.

벽력 포대희는 전통에만 머무르지 않고 현대의 문화로 살아남기 위해 많은 시도를 하면서 타이완의 젊은 세대에게도 신선한 반응을 얻고 있다. 여러 기업과의 협업을 통해 굿즈 상품을 출시하고, 원 소스 멀티 유즈One source multi-use로 포대희 작품을 만화와 소설, 그림 애니메이션 등 다양한 매체로 확장하는 데에도 힘쓴다. 결과적으로 이러한 도전은 젊은 마니아층뿐 아니라 여성 팬들의 저변을 확대하는 성공을 거두었다.

인형극으로 보여주는 타이완다움

포대희는 타이완의 역사를 함께 겪으며 성장해왔다. 타이완으로 건너온 이주민들과 함께 뿌리내린 포대희는 일본 제국주의의 탄압, 전쟁의 상흔, 그리고 국민당 정부의 강압적인 정치 등 타이완이 겪은 굴곡진 역사를 약자들의 편에서 함께 헤쳐 나왔다. 포대희가 중국에서보다 타이완에서 더 크게 발전한 것은 타이완 사람들의 애환을 함께 겪어온 동반자와도 같은 존재였기 때문일 것이다.

현재 타이완의 포대희 예인들은 달라진 문화 환경 속에서 포대희의 설 자리에 대해 여전히 많은 고민과 새로운 시도를 하고 있는 것으로 보인다. 쩐콰이러장중극단眞快樂掌中劇團의 「왕예판王爺飯」은 포대희 예인들의 이야

연극 속에 인형극을 액자식으로 배치한 포대희 연극 「왕예판」은 변화무쌍한 극 구성으로 관객들에게 흥미진진함을 선사한다. ⓒ 眞快樂掌中劇團

기를 풀어내는 연극 속에 극중극으로 전통 포대희를 선보이는 방식을 시도한다. 창이거장중극단長義閣掌中劇團은 「신목지심神木之心」에서 무대에 설치한 스크린의 앞뒤에서 인형극을 펼친다든지, 또 스크린을 활용하여 필요한 정보와 효과를 보여주는 등 다양한 경험을 제공한다. 극의 대본 또한 전통 포대희의 것이 아닌 새로운 이야기로 관객들의 흥미를 끌어오려고 한다. 마치 관심만 유지할 수 있다면 무엇이든 바꿀 수 있고 새로운 것을 시도하겠다는 듯하다.

그럼에도 그들이 바꾸지 않으려 하는 세 가지가 있다. 그것은 바로 손 인형과 타이완어, 그리고 타이완인들의 이야기이다. 창이거장중극단의 단장 가오밍웨이高鳴緯는 그에 대해 '현지의 극단이 현지의 언어로 현지의 이야기를 공연'하는 것이 그들의 이념이라고 밝힌다. 타이완의 포대희는 타이완인의 정체성 그 자체인 것이다.

리티엔루와 천시황이 지켜온 전통 포대희와 벽력 미디어의 영상물 포

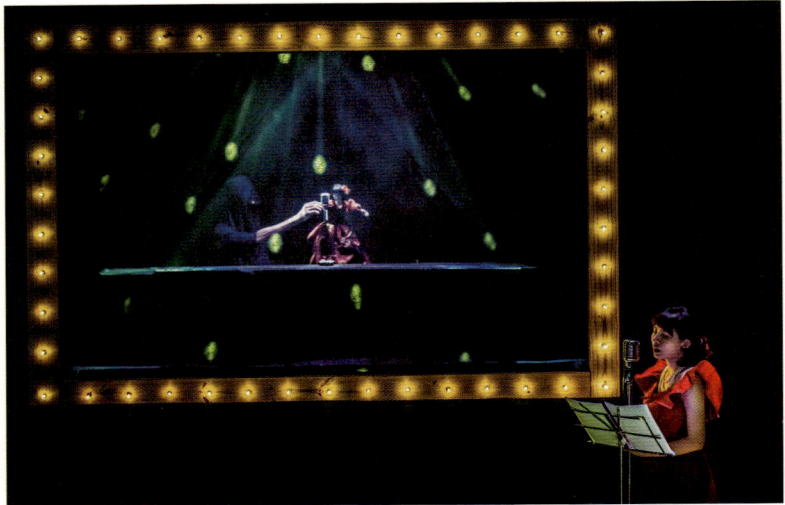

무대에 설치한 스크린의 앞뒤에서 인형극과 사람 연극을 펼치는 창이거장중극단의 「신목지심」은 다채로운 스크린 활용이 돋보인다. ⓒ長義閣掌中劇團, 張瑞宗(촬영)

대희, 그리고 현재의 새로운 포대희는 이제 완전히 다른 장르에 속한다고 해야 할지도 모른다. 그러나 지향하는 방향은 다를지언정 이들이 궁극적으로 지키고자 했던 것은 타이완의 포대희, 손 인형극 문화이다. 한쪽에서는 전통을 지켜나가고 다른 쪽에서는 새로운 전통을 만들어나가며 지평을 넓혀가는 것. 그것이 바로 타이완다움을 지속시키는 힘이 아닐까.[*]

전주현

이화여자대학교 철학과와 중어중문학과를 졸업하고 같은 대학원과 중국 푸단대학에서 중국 고전문학을 연구했다. 지금은 건국대학교와 수원대학교 등에서 중국 고전 문화와 대중문화 등을 강의하면서 중국의 이미지와 문화에 관심을 가지고 연구하고 있다. 지은 책으로 『중화명승』 등이 있다.

---

[*] 이 글을 위하여 정성스러운 인터뷰 답변과 아름다운 사진을 제공해주신 쩐콰이러장중극단과 창이거장중극단, 그리고 천시황전통장중극단에 깊은 감사를 표한다.

공예 예술

한 장의 그림에 담긴 천년의 축복

연화

이현서

서울 한복판, 경복궁 광화문 앞. 사람들의 시선이 한곳으로 집중된다. 관복을 입은 관리가 두루마리 종이를 펼치며 쩌렁쩌렁한 목소리로 외친다.

"광화문 수문장은 어명을 받으라~!"

둥! 둥! 둥! 둥!

장엄한 태평소가 울려 퍼지고, 북소리가 함께 울리자 한 장의 그림이 서서히 모습을 드러낸다. 100년 넘게 사라졌던 그림, 문배도門排圖가 다시 하늘을 향해 펼쳐진다. 금빛 갑옷을 입고 불꽃처럼 기운을 내뿜는 금갑장군金甲將軍. 날카로운 눈빛은 모든 액운을 막아낼 듯하고, 강철 같은 손아귀는 불길한 기운을 단번에 쳐낼 것 같다. 붉은빛과 황금빛이 대비되며 압도적인 분위기를 자아낸다.

주변에서 사람들의 환호성과 박수 소리가 터져 나온다. 휴대전화를 꺼내 든 사람들은 저마다 사진을 찍고, 아이들은 신이 나서 뛰어다닌다. 옆에서 한 어르신이 조용히 중얼거렸다.

경복궁 광화문에 걸린 문배도. 잡귀를 막고 궁궐을 수호하는 의미가 담겨 있다. ⓒ 국가유산청

"내 어릴 적엔 집 대문에도 이런 걸 붙였지. 부적처럼 말이야."

문배도는 조선시대 궁궐 정문에 걸어 한 해의 번영과 태평성대를 기원한 그림이었다. 새해가 되면 광화문과 창덕궁 돈화문에 걸렸으나 20세기 초 근대화 과정에서 사라졌다. 그리고 오늘, 100여 년의 시간을 넘어 다시 이곳에서 그 모습을 드러냈다. 사람들은 낯설지만 익숙한 이 그림을 바라보며 차분한 얼굴로 한 해의 건강과 안녕을 기원한다.

"올해는 좋은 일이 많았으면 좋겠어."

"가족 모두 무탈하고 건강하기를!"

새해의 염원이 오랜 역사의 숨결과 함께 광화문 앞에 되살아났다.

신과 인간을 잇는 문신화의 탄생

    2021년과 2022년 음력설을 맞아 광화문에 100년 넘게 사라졌던 문배도가 다시 모습을 드러냈다. 19세기 말 경복궁을 지키던 그 그림은 현재 미국 의회도서관에 남아 있는 사진을 바탕으로 복원된 것이다.

    문배도는 단순한 장식이 아니다. 정초正初에 나쁜 기운과 액운을 막기 위해 궁궐 정문에 붙인 그림이다. 이러한 풍습은 조선에만 있었던 것이 아니었다. 중국에서도 오래전부터 '문신門神'을 문에 붙이는 전통이 존재했다.

    중국에서 문신화門神畵의 기원은 한대漢代까지 거슬러 올라간다. 채옹蔡邕의 『독단獨斷』에 따르면 당시 사람들은 신도神荼와 울루鬱壘의 그림을 그려 문에 걸고 악귀를 막았다. 후대로 내려오면서 문신은 진숙보秦叔寶와 위지공尉遲恭으로 바뀌었는데, 그 연원은 당 태종 이세민李世民과 관련된 일화에서 비롯되었다.

> 당나라를 찬란히 빛낸 황제, 태종 이세민은 창백한 얼굴로 자리에서 일어났다. 밤마다 이어지는 악몽 탓에 눈 밑엔 깊은 그늘이 드리워졌다. 황제의 불안한 기색에 신하들 사이에서는 여러 추측이 오갔다.
> 그중엔 현무문의 변에서 희생된 형제들의 원혼이 떠돈다는 소문도 있었다. 이 말을 들은 태종의 얼굴이 굳어졌다. 피로 얻은 황제의 자리, 혹시 그 피가 악몽이 되어 자신을 찾아온 것일까? 두려움에 휩싸인 그는 악몽을 물리칠 방안을 찾고자 신하들을 불러들였다.
> 신하들은 부적을 붙이면 귀신이 물러날 것이라거나, 제사를 지내야 한다는 등의 해결책을 내놓았다. 하지만 태종은 더욱 확실한 방법을 원했다. 이때 한 신하가 용맹한 장수들이 밤새 대문을 지키면 귀신도 감히 다가오지 못할 것이라고 건의했다.

이에 태종은 즉시 진숙보와 위지공을 불러 궁궐 대문을 지키도록 했다. 두 장수가 갑옷을 걸치고 긴 창을 든 채 문 앞을 굳건히 지키자, 놀랍게도 그날 밤부터 악몽이 사라졌다.

이 소문이 퍼지자 백성들 또한 자신의 집을 보호할 방법을 고민했다. 그러나 모든 집에 장군을 세울 수는 없는 노릇이었다. 이를 해결하기 위해 태종은 장군들의 초상을 그려 대문에 붙이도록 명령했다.

그 후, 그림 속 장군들이 집을 지켜준다는 믿음이 퍼지면서 사람들은 앞다투어 대문에 그림을 붙였다. 이 전통은 세월이 흐르면서 민간에 깊이 뿌리내려 오늘날까지도 집을 보호하는 문신 문화로 이어지고 있다. 수·당 이전의 문신화는 인쇄술이 발달하지 않아 복숭아나무 판에 직접 그렸으나, 목판 인쇄술이 발명된 후 송대에는 채색 인쇄 연화 年畫, New Year Paintings 가 등장했다. 명·청대에 이르러 목판 연화가 더욱 발전하면서 쑤저우 타오화우 桃花塢, 텐진 양류칭 楊柳靑, 산둥 웨이셴 濰縣, 쓰촨 멘주 綿竹 등 주요 연화 중심지가 형성되었다. 이를 통해 연화는 대량 생산과 대중화를 이루었으며, 각 지역의 독특한 화풍과 제작 기법이 더해져 중국의 민간 미술 형식으로 자리 잡았다.

복을 부르는 그림 한 장

연화는 '해 년 年'과 '그림 화 畫'가 결합된 단어로, 새해를 맞아 그리는 그림을 의미한다. 연화는 중국인들의 설날과 함께해왔다. 시대와 신분을 초월하여, 설날이 다가오면 중국인들은 새해를 맞이하는 의식처럼 복을 기원하며 연화를 그리거나 붙였다.

그런데 그들에게 연화는 단순히 귀엽고 화려한 '새해 그림'이 아니다. 한 장의 연화에는 수많은 상징과 깊은 의미가 담겨 있다. 중국 전역에서 유행한 연화는 시대에 따라 변화하며, 역사적으로 수천 가지의 도안이 존재해왔다. 어떤 연화를 선택하느냐에 따라 그해의 운이 달라질 수도 있다고 믿었기에, 연화를 구입하는 일은 신중한 선택의 과정이었다.

연화는 원래 집 대문에 붙여 액운을 막고 복을 기원하는 문신화에서 시작되었으나, 이후 다양한 주제로 발전했다. 풍요와 행운을 기원하는 길상吉祥 연화, 민속과 서민 생활을 묘사한 민속풍정民俗風情 연화, 중국 전통 연극과 역사 속 장면을 그린 희출戱出 연화, 신상神像과 부적 형태의 그림으로 가정의 안녕을 기원하는 부상符像 연화 등이 그 예이다. 이러한 연화들은 모두 민중의 간절한 염원과 희망을 반영하고 있다.

그중 연년유여年年有餘는 중국에서 가장 인기 있는 연화 중 하나로 꼽힌다. '年年有餘'는 '해마다 남을 만큼 풍요롭다'는 뜻으로, '餘(남다)'와 '魚(물고기)'가 동음(yú)이기 때문에 그림 속에는 반드시 물고기가 등장한다. 특히 아이가 잉어를 들고 있는 모습이 자주 그려지는데, 이는 '잉어가 용문을 뛰어넘으면 용이 된다'는 이어도용문鯉魚跳龍門 전설에서 유래한 것이다. 이 그림은 자녀의 출세와 가정의 번영을 함께 기원하는 의미를 담고 있어, 춘절 때 가정의 벽이나 대문 근처에 걸어두는 경우가 많다.

연꽃을 든 아이가 잉어 등에 올라탄 모습을 표현한 전통 연화로, 부귀와 번영을 상징한다. ⓒ이현서

연꽃과 연근이 함께 등장하는 경우도 많다. 이는 '해마다 평안하기를

바란다'는 소망을 담고 있다. 연꽃의 '蓮'과 '連(이어지다)'은 같은 발음(lián)을 가지고 있어, 대대로 번영하고 자손이 끊이지 않음을 상징한다. 또한 연근을 자르면 실처럼 가는 섬유질이 남아 쉽게 끊어지지 않는데, 이는 육체는 멀어져도 정은 끊어지지 않는 관계를 비유한 것이다. 이 때문에 연근은 부부나 연인, 가족 간의 변치 않는 사랑을 상징하는 그림에 자주 등장한다.

이외에도 다양한 길상의 상징이 연화에 함께 그려진다. 예를 들어 '복福(fú)'과 같은 발음을 가진 박쥐蝙蝠(biānfú)는 행운을 의미하고, 복록福祿(fúlù)과 소리가 비슷한 조롱박葫蘆(húlu)은 건강과 장수를 상징한다. 부귀를 상징하는 모란, 다산과 번영을 나타내는 석류, 녹祿(lù)과 발음이 같은 사슴鹿(lù)은 출세와 재물을 기원하는 도상으로 자주 그려진다. 이처럼 연화는 단순한 장식화를 넘어 사람들의 삶과 염원을 담아낸 시각적 상징체계로 기능하면서, 중국인의 미의식과 가치관을 고스란히 반영하고 있다.

그중에는 민중의 삶과 그들의 소박한 염원을 엿볼 수 있는 조왕신竈王神 연화 같은 작품도 있다. 조왕은 집안의 화목과 재물을 관장하는 부엌신으로, 중국뿐 아니라 동아시아의 여러 나라에서도 숭배되었다. 특히 명·청대에 들어 그 신앙이 더욱 강화되었다.

> 옛날, 한 가난한 노인이 먼 길을 걸어 탄광에서 일하는 아들을 만나러 갔다. 그러나 가는 길목에서 저승사자와 마주쳤다. 저승사자는 광부들의 수명이 다해 곧 그들을 데려가야 한다고 말했다. 이에 노인은 간절히 애원하며 아들만은 살려달라고 부탁했고, 대신 절대로 이 사실을 입 밖에 내지 않겠다고 맹세했다. 저승사자는 이를 받아들였고, 아들은 무사히 목숨을 건졌다.
> 그런데 세월이 지나 노인은 아내에게 이 비밀을 털어놓았다. 그 순간, 그

부엌을 지키는 조왕신을 그린 전통 연화로, 집안의 선악을 하늘에 아뢴다고 믿었다. ⓒ이현서

황금 열매가 주렁주렁 열린 나무를 그린 요전수 연화로, 재물과 행운을 기원한다. ⓒ이현서

들의 대화를 엿들은 조왕신이 이를 옥황상제에게 고했다. 약속을 어긴 대가로, 결국 저승사자는 노인의 아들을 데려가고 말았다.

사람들은 조왕신이 작은설인 소년小年이 되면 하늘로 올라가 인간 세계의 일을 옥황상제에게 고한다고 믿었기 때문에, 조왕신이 좋은 말만 전하도록 하기 위해 엿과 단 음식을 바치는 풍습이 생겨났다. 조왕신 연화에는 재물을 상징하는 취보분聚寶盆이나 복을 기원하는 글귀가 함께 등장하는데, 이는 가정의 번영과 화목을 기원하는 마음을 표현한 것이다.

재물을 담는 금괴 취보분이 등장하는 연화가 또 있다. 바로 흔들기만 해도 돈이 쏟아지는 나무, '요전수搖錢樹' 연화다. 민간에서는 이 나무에 열린 돈을 따면 재물이 끊이지 않는다고 믿어, 요전수는 행운과 부를 가져다주는 길상의 상징으로 여겨졌다. 그림 속에는 동전과 황금이 주렁주렁 달린 나무가 그려져 있으며, 용 모양의 괴수가 마치 재물을 지키려는 듯 나무를 감싸고 있다. 또한 다산과 가정의 번영을 상징하는, 복을 부르는 아이娃娃들이 황금을 줍고 있는 모습도 자주 등장한다.

인간이라면 누구나 마르지 않는 금괴가 하늘에서 뚝 떨어지는 상상을 하지만, 요전수 연화는 단순히 부와 탐욕을 상징하는 것이 아니다. 이 그림은 재물이 올바르게 관리되고 순환될 때만 지속될 수 있음을 가르친다. 즉 재물은 단순히 축적하는 것이 아니라 노력과 현명한 사용을 통해서만 진정한 복이 될 수 있다는 교훈을 전한다.

이렇듯 연화는 수백 년 동안 중국인의 삶 속에서 중요한 역할을 해왔다. 새해를 맞아 복을 기원하는 그림으로 부귀, 장수, 다산, 행운 등을 상징하는 요소를 담아왔으며, 민족 신앙과 사상을 녹여내는 사유 공간으로 대중에게 사랑받았다. 새해를 맞이하는 그들의 꿈과 소망을 그림 한 장에 담고 있는 연화는 인간 본연의 마음의 목소리를 대변한다. 그 안에는 중국인들이 세대를 거쳐 계승해온 가치관과 미의식이 담겨 있으며, 현대에 이르러서도 그 의미가 지속적으로 확장되고 있다.

당신이라면 새해에 어떤 연화를 선택해 자신의 공간에 걸겠는가?

혁명의 소용돌이 속에 사라진 연화

중국의 문학가 루쉰魯迅은 어린 시절 침대 머리맡에 붙어 있던 '쥐의 혼샷날 老鼠娶親'이라는 연화를 회고한 적이 있다. 그림 속에는 쥐들이 사람처럼 성대한 혼례를 치르는 장면이 있었다. 신랑과 신부는 물론 들러리와 하객, 집사까지 모두 뾰족한 턱과 가느다란 다리를 지닌 모습으로 등장했는데, 루쉰은 그것이 꼭 서생書生들 같았다고 기억했다. 붉은 저고리와 초록 바지를 차려입은 쥐들의 모습은 인간 사회의 혼례 의식을 그대로 흉내

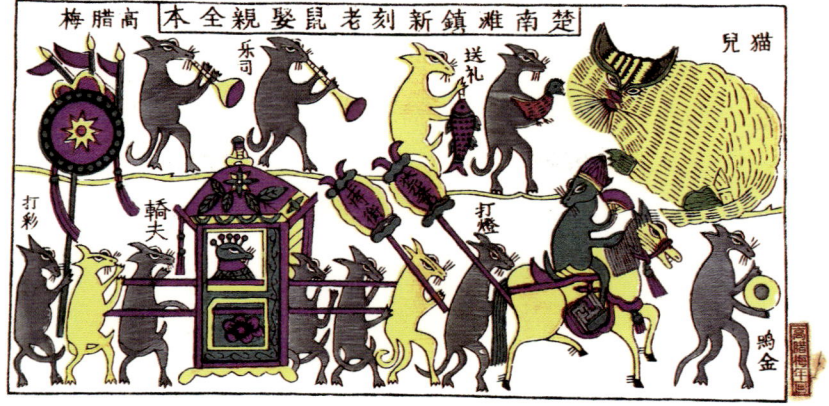

쥐의 혼례를 해학적으로 묘사한 '노서취친' 연화. 인간 사회를 풍자하는 동시에 풍요와 다산을 기원하는 의미를 담고 있다. ⓒ이현서

낸 것이었다. 어린 루쉰은 이 그림을 무척 좋아해, 실제로 쥐들의 혼례 행렬이 펼쳐지기를 기대하며 밤마다 잠을 미루기도 했지만, 끝내 본 것은 알몸의 쥐 몇 마리가 바닥을 오가는 모습뿐이었다. 현실에서 연화 속 장면을 확인할 수는 없었던 것이다.

그렇다면 이 연화는 단순히 쥐들의 귀엽고 화려한 혼례 장면만 담은 것일까? 농경 사회에서 쥐는 본래 곡식을 파먹는 해로운 존재로 여겨졌지만, 민속 연화 속에서는 오히려 다산과 풍요를 기원하는 길상의 상징으로 자리 잡았다. 동시에 오늘날 루쉰의 회고를 통해, 이 연화가 풍자적으로도 읽힐 수 있음을 발견한다. 서생 같은 차림새의 쥐들은 겉으로 도덕과 의례를 중시하는 듯 보이지만, 그 배경에는 이익과 욕망에 얽혀 있는 인간 사회의 위선적 모습이 겹쳐진다.

이처럼 '쥐의 혼삿날' 연화는 겉보기에 복을 비는 민속 그림이지만, 그속에는 웃음과 풍자가 함께 담겨 있다. 루쉰의 글은 이 그림이 단순한 장식품을 넘어 민중의 현실 감각과 비판 의식이 스며든 풍자적 장치가 될 수 있음을 일깨워준다.

그러나 20세기 중반, 중국 사회가 급격한 변화를 겪으면서 연화는 점차 자취를 감추기 시작했다. 1949년 중화인민공화국 수립 이후 중국 사회는 근본적인 변화를 맞이했다. 전통문화는 점차 혁신적인 사회주의 사상에 의해 대체되었으며 연화 역시 그 영향을 피할 수 없었다. 연화는 더 이상 길상을 기원하는 민속 예술이 아니라 정부의 정치적 메시지를 전달하는 선전 도구로 활용되기 시작했다. 전통적인 연화에서 행운을 의미하던 박쥐, 모란, 금붕어 같은 요소는 점차 사라지고 사회주의 혁명, 농업 생산, 공업 발전, 노동자의 단결을 강조하는 내용이 담겼다. 특히 문화대혁명 시기에는 마오쩌둥毛澤東 사상을 찬양하고 홍보하는 '혁명 연화'가 등장했다.

이러한 변화로 인해 연화는 기존의 민속적이고 장식적인 요소를 잃고 정치적 목적이 강조된 선전 도구로 변질되었다. 전통 연화를 그리던 예술가들은 많은 어려움을 겪었고, 일부 지역에서는 연화 제작이 중단되기도 했다.

전통의 부활, 디지털 시대의 연화

복과 재물을 기원하는 '재신' 연화가 담긴 음료.
ⓒ나윤정

최근 중국에서는 '재신財神' 커피가 큰 인기를 끌고 있다. 커피 위에 작게 제작된 재물신 연화를 올려주는 커피이다. 재물을 관장하는 '재신'의 이미지를 활용한 카페 브랜드 및 마케팅 방식으로, 전통적인 신앙과 현대 소비 트렌드가 결합한 대표적인 사례다.

1978년 덩샤오핑鄧小平의 개혁개

방정책이 시작되면서 중국 사회는 점차 경제 발전과 함께 문화의 다양성을 회복해나갔다. 이 과정에서 한동안 사라졌던 전통문화에 대한 관심이 다시 높아졌고, 연화 역시 복원되기 시작했다. 특히 1980년대 이후 중국 정부는 전통 민속 예술 보존 정책을 추진하면서 과거의 정치적 선전 연화와는 차별화된 전통 길상 연화의 미학과 가치를 재조명했다. 이로 인해 연화는 단순한 장식품을 넘어 문화유산으로서의 가치를 인정받게 되었다.

일부 현대 예술가들은 연화를 팝아트 스타일로 재해석하며, 전통적인 복福, 수壽, 연꽃, 금붕어 등의 요소를 유지하면서도 현대적인 감각으로 표현하여 젊은 층에게도 친숙하게 다가가도록 하고 있다. 또한 최근 몇 년 사이 중국의 예술가들은 전통 연화를 디지털 방식으로 제작하여 NFT로 판매하는 실험을 진행하고 있다. NFT 연화는 디지털 자산으로서 온라인에서도 소유할 수 있으며, 이는 젊은 세대가 전통 연화를 현대적인 방식으로 접할 수 있도록 하는 실험적인 시도이다. 이러한 변화는 전통 연화가 단순히 '과거의 유물'이 아니라 디지털 시대에도 의미 있는 예술 형식으로 활용될 수 있음을 보여준다.

전통 연화를 현대적인 인테리어 소품으로 활용하는 트렌드도 확산되고 있다. 예전처럼 벽에 붙이는 것뿐만 아니라 포스터, 쿠션, 액자, 스마트폰 케이스 등 다양한 제품에 연화 디자인이 적용되고 있다. 이는 연화가 단순한 명절 장식을 넘어 현대인의 라이프스타일 속에서 복을 기원하는 일상적인 아이템으로 다시 자리 잡아가고 있음을 보여준다. 행복한 삶에 대한 염원은 시대를 초월하는 것이니, 어쩌면 지극히 자연스러운 일이다.

이현서

중국 베이징대학에서 중국 고대 문학 전공으로 석사와 박사과정을 마쳤다. 지금은 경인여자대학교 호텔관광학과 교수로 재직 중이다. 춘추전국시대를 배경으로 한 열국지 계열의 문학 작품을 연구하고 있으며, 고대 병법서와 중국 문화사에도 깊은 관심을 가지고 있다. 지은 책으로 『중화미각』, 『중화명승』 등이 있고 옮긴 책으로 『도설천하 손자병법』, 『손자병법』, 『삼국지 사전』, 『송원화본』 등이 있다.

소망을 담은 1만 컷의 향연

전지

고진아

웨이보의 밤 행사에서 중국 배우 증려가 입은 전지 드레스. ⓒ Zeng Li Studio, Weibo

2025년 1월 11일, 웨이보微博의 밤 행사에서 사람들은 여배우 증려曾黎에게서 눈을 뗄 수 없었다. 길이가 7미터나 되는 붉은색 전지剪紙 드레스를 입고 등장했기 때문이다. 그녀의 등 뒤로 길게 끌리는 드레스에는 만리장성이 웅장하게 펼쳐져 있고, 그 위로 거대한 용이 하늘로 승천하고 있었다. 드레스 곳곳에 산, 모란, 소나무, 물고기, 비둘기 등 다양한 문양이 정교하게 어우러져 있었다.

이 드레스를 만든 사람은 무형문화재 전지 예술 전승자인 이나 李娜이다. '용은 우리 모두가 용의 후예임을 상징하며, 그 위엄 있는 기세는 조국의 번영을 나타낸다'라고 그녀는 설명했다. 또 비둘기는 세계 평화를, 모란은 부귀와 길조를, 만리장성은 문화유산 수호를 상징한다고 덧붙였다. 이나는 어릴 적 할머니가 전지 만드는 모습을 보며 전지 예술의 정교함과 그 깊은 상징성에 매료되었다. 초등학교 교사가 된 후에도 그 매력을 잊지 못해, 결국 전문 전지 예술가의 길을 걷게 되었다고 한다.

웨이보의 밤을 수놓은 붉은색 전지 드레스는 그 옛날 어두운 동굴을 밝히며 길조를 불러준 전지처럼 현대 사회를 다시 한 번 비춰준다. 이나 같은 전지 예술가들은 전통 전지가 과거의 유물로 머무는 것이 아니라 미래를 향해 계속해서 살아 숨 쉬는 문화로 자리 잡을 수 있도록 노력하고 있다. 전지의 어떤 매력이 이처럼 수천 년을 이어오게 하는 걸까?

뚫고 잘라 희망을 잇다

중국의 전지는 가위와 칼을 주요 도구로 사용해 종이를 자르고 찢는 기법으로 표현되는 전통 공예이다. 인물, 화초, 동물, 산수풍경, 글자 등의 전지 문양은 상징, 비유, 해음 諧音 등을 활용하여 고안되었다.

종이가 발명되기 전에는 금박, 은박, 나뭇잎, 천, 가죽 등 얇은 재료를 주로 사용했다. 『사기』를 보면 주나라 성왕이 동생 우 虞와 놀다가 장난삼아 오동잎에 '규 圭' 자를 새겨주는 장면이 등장한다. 왕이 오동나무 잎에 구멍을 뚫어 새긴 글자 '규 圭'는 천자가 제후를 봉할 때 내리는 신표인 '규 珪'의 의미를 지닌다. 형제간 놀이 중에 일어난 일이지만 왕의 모든 행동에는 신의가 담겨 있어야 한다는 신하의 간언에 따라 우는 제후에 봉해진다. 얇은 재료를 뚫어 의미를 전달하는 이러한 방식이 전지의 초기 형태였음은 물론이다.

초기의 전지 형태를 짐작할 수 있는 또 다른 이야기는 마지麻紙(삼 껍질이나 삼베로 만든 얇은 종이)가 만들어진 한나라 때로부터 전해온다. 한나라 무제는 특별히 총애하던 이부인이 죽자 그녀를 못 잊어 괴로워했다. 마침 영혼을 불러줄 수 있다는 방사方士 소옹少翁의 소문을 들은 황제는 그를 부른다. 황제가 이부인을 다시 만나고 싶다고 간청하자 소옹은 장막 뒤에서 황제가 기다리도록 했다. 그러고는 마지를 오려 그녀의 모습을 본뜬 후, 장막 뒤에서 등불을 비춰 이부인이 걸어오는 것처럼 보이게 했다. 황제는 너무나 기뻐하며 그녀에게 다가가려 했는데, 소옹이 황제를 막아섰다고 한다.

지금 우리가 볼 수 있는 전지 중 가장 오래된 것은 서기 5~6세기 북조시대의 전지이다. 신장 위구르 자치구의 투루판吐魯番 지역 아스타나阿斯塔那 고분군에서 다섯 점이 발견되었다. 고분군에서 발견된 것으로 보아 망자의 영혼을 달래고 저세상에서의 편안함을 기원했던 것이리라. 본래 투루판 지역은 중국에서 가장 건조한 지역 중 하나로, 강수량이 적고 습도가 낮으며 토양에 염도가 낮아 유물이 잘 보존되는 기후 조건을 갖추고 있다. 그래서인지 투루판에서 발견된 전지 다섯 점은 보존 상태가 양호하다. 북조시대의 전지 유물은 여전히 마지를 사용했지만 여러 번 접어 문양의 대칭과 균형의 미를 살리고 있어 오늘날의 전지와 견주어도 손색이 없어 보인다. 대칭을 이룬 말, 원숭이, 나비 문양과 국화, 팔각형 꽃 같은 식물 문양 혹은 기하학적 문양이 선명하게 구현되어 있다. 말을 새긴 전지를 보면 육각형 안에 원, 마름모, 삼각형을 교묘하게 배열하여 연꽃 모양을 이루었다. 여섯 모서리에는 각각 여섯 쌍의 말이 등을 맞대어 머리를 높이 들고 서 있어 역동적이다. 또한 원숭이 문양 전지에는 안쪽과 바깥쪽 원 사이에 열여섯 마리의 원숭이가 여덟 쌍으로 나뉘어 원을 이루고 있다. 각 쌍의

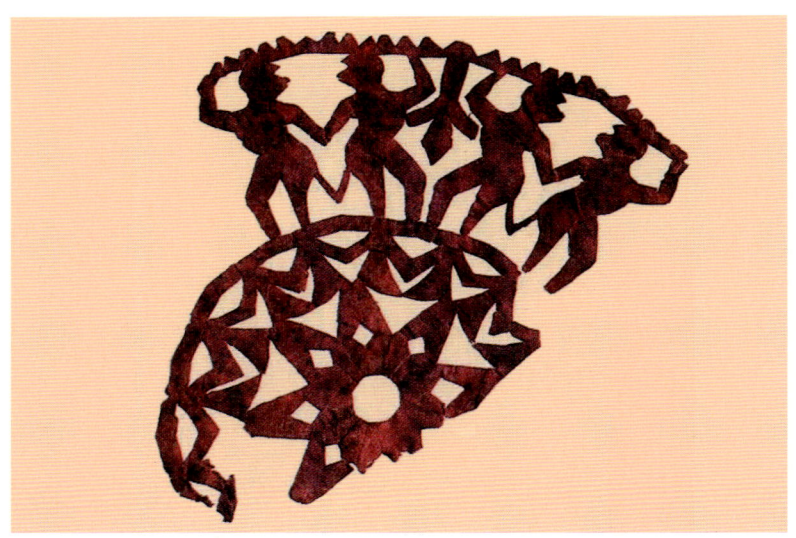

아스타나 고분군에서 출토된 북조시대의 전지. ⓒ『中国美术全集·工艺美术编』(12권)

원숭이는 등을 맞대고 있지만 머리는 서로를 바라보고, 앞발 중 하나는 마주 잡고 다른 앞발 하나는 옆에 있는 나뭇가지를 쥐고 있다. 이들의 활기찬 모습은 숲에서 신나게 놀고 있는 것처럼 보인다.

당나라 때 두보는 시 「팽아행彭衙行」에서 '따뜻한 물은 나의 발을 씻어주고 전지는 나의 영혼을 부른다'고 했다. 이때 두보 가족은 여러 날 동안 우레가 치고 비가 내리는 와중에 맨발로 피난길을 재촉하면서, 밤이면 짐승이 들을까봐 우는 아이의 입을 억지로 틀어막는 뼈아픈 고생을 겪었다. 팽아를 한밤중에 지나게 되었지만, 두보는 그곳에 사는 벗 손재孫宰의 집 대문을 두드릴 수밖에 없었다. 한밤중에 혼비백산한 상태로 찾아온 두보 가족을 손재는 싫은 내색도 없이 맞이했다. 우선 물을 끓여 두보 가족의 발을 씻게 하고, 종이를 오려준다. 그 와중에 갑자기 종이를 오려주다니! 그것은 두보 가족의 영혼을 안정시키고 악령을 쫓는 의식적인 행위로, 고통과 공포를 달래주기 위한 따뜻한 마음의 표현이었다. 이처럼 전지는 당나

창문을 꾸미는 창화. ⓒshutterstock

라 시절에도 무속 신앙과 연관되어 있거나, 장례 의식에서 악을 물리치기 위한 용도로 많이 사용되었다.

송나라 이후 제지 기술이 발달하자 전지는 일상생활 속에서 장식용품으로 많이 사용되었다. 길조를 기원하기 위해 축제, 혼례, 명절 등 다양한 행사에 장식품으로 활용되기 시작했다. 송대에 전지는 민간에서 선물하는 예화禮花 전지, 창문에 붙이는 창화 전지, 도자기의 도안 전지 등 그 쓰임이 다양해졌다. 이러한 전지의 성황은 전문적으로 전지를 오려 파는 명인까지 등장하게 했다. 송나라 방회方回의 시「야묘野廟」를 보면 상원절上元節(우리나라의 정월 대보름에 해당한다)에 집집마다 술을 뿌리며 제사를 지내고, 종이로 등불을 오려 붙여 액운을 물리치는 모습이 그려져 있다. 액운을 물리치고 행복하게 살고자 하는 염원은 민간이나 황실이나 다를 바 없기에 청나라 황제들의 신부 방으로 쓰인 자금성의 곤녕궁坤寧宮에도 여느 농가처럼 붉은 종이에 황금색 글자 '희囍'를 오린 장식이 보인다. 전지를 붙이면 마법처럼 소망을 이룰 수 있다는 오래된 믿음에서 비롯된 것이리라. 전지는 삶의 막힌 부분을 뚫고 고통과 슬픔을 잘라내며 새로운 희망을 이어왔다.

꽃을 자르는 여인

우리나라에는 장 잘 담그는 며느리가 사랑받는다는 옛말이 있다. 한편 중국의 민가에서는 종이 오리기 잘하는 며느리를 자랑스러워했다. 그도 그럴 것이 가위 하나로 집 안을 환하게 만들 수 있고 제례, 명절, 혼례 같은 마을의 대소사에서도 솜씨를 뽐낼 수 있기 때문이었다. 농촌 여인들은 특별한 교육을 받지 못해 글을 읽고 쓸 줄 몰랐지만, 어머니에게서 혹은 시어머니로부터 전지를 배웠다. 농촌 여인들은 가위를 쥘 수 있는 나이가 되면 종이를 오리기 시작했다. 처음에는 남의 것을 흉내 내고, 종이를 여러 겹으로 접어 물고기, 곤충, 새, 화초, 수목 등을 오렸다. 그렇게 몇 년이 지나면 마침내 원하는 문양을 무엇이든 만들어내게 되었다.

섬서陝西 지방 안새安塞에 염희방 시어머니라 불리는 여인이 있었다. 그 시대의 여느 할머니처럼 평생 그녀는 자신의 이름을 갖지 못하고 마침내는 며느리 이름을 빌려 염희방 시어머니로 불렸다. 동굴 집에서 태어나 동굴 집에서 생을 마감할 때까지 그녀는 늘 가위 하나로 동굴 집을 새롭고 아름답게 꾸몄다. 그녀는 여든일곱 살이 된 1997년, 자신의 임종이 다가왔음을 느끼자 동굴 집 창문에 새 창화를 마지막으로 오려 붙였다. 그러고는 소중히 간직해온 창화의 밑그림을 며느리에게 전해주고 세상을 떠났다고 한다. 염희방 할머니는 자신과 시어머니의 이야기가 사실 특별한 이야기는 아니라고 손사래를 친다. 마을의 어르신 대부분이 그러하다고.

예술은 고통 속에서 피어난다고 했던가. 고통스러운 인생을 종이 오리기로 극복한 전지 예술가 고숙란庫淑蘭(1920~2004)은 중국의 전지 공예에 혁신적인 변화를 가져온 사람이다.

고숙란은 섬서성 순읍旬邑 출신이다. 그녀의 아버지는 딸을 사랑했지만 당시의 관습에 따라 네 살 때 이미 딸의 혼처를 정했다. 아홉 살 때는 딸의 발이 더 이상 자라지 못하도록 전족纏足을 했다. 악습인 줄 알면서도 행여 딸이 혼인하지 못할까봐 딸의 발을 묶은 것이다. 다행히도 아버지는 그녀를 학교에 보내주었다. 열다섯 살까지 학교에 다니며 공부할 수 있었던

손끝에서 이어온 전통, 맛과 색의 미학

면소

이연희

런던의 한 베이커리, 그곳에서는 세상의 모든 디저트가 구워진다. 일본의 말차 크레이프 케이크, 오스트레일리아의 레밍턴, 덴마크의 카스네일, 라트비아의 크링글까지 각기 다른 문화와 이야기를 품은 달콤한 조각들이 오븐에서 탄생한다. 이곳을 찾은 외국인들은 익숙한 맛에 추억을 떠올리고, 디저트를 통해 고향의 향수를 달랜다. 영화 「세상의 모든 디저트」속 런던의 이방인에게 디저트는 고향에 대한 허기를 채우는 달콤한 위로이다. 시각과 미각을 자극하는 디저트는 그야말로 그 나라의 문화가 녹아 있다. 색채와 형상이 눈을 사로잡고, 달콤한 맛이 입안을 감싸며, 그 속을 채우는 이야기가 한 조각의 디저트를 특별하게 만든다. 그리고 그 이야기에는 각국의 역사와 문화가 고스란히 녹아 있다.

디저트는 달콤함에 앞서 형형색색의 아름다운 모양으로 시선을 끈다. 최근 유행하게 된 우리나라의 전통 디저트, 약과 또한 그러하다. 약과의 '약'은 꿀, '과'는 과일이라는 의미로 불교가 유행했던 고려시대에 어육을 대신해 제사상에 올리기 시작했는데, 이후 조선시대에도 제사상이나 잔치상에 올라가는 귀한 음식이 되었다. 본래 과일 형태로 빚어졌지만 제사상에 쌓아올리기 위해 정방형으로 만들어졌고, 현대에 와서 그 형태가 더욱 다양해졌다. 먹을 것을 구하기가 쉽지 않았던 고대에 꿀은 귀한 약재로 여겨졌고 약과의 주재료인 밀은 사계절의 정기를 모두 받아 익은 곡식이기에, 약과는 몸의 기운을 북돋워주는 '음식'으로 인식되었다. 이렇듯 예로부터 전해 내려온 '약과'는 식후 단맛으로 입안을 정화시켜줄 뿐만 아니라 제례와 잔치 등을 빛내고 약용으로서의 기능도 함께 수행한 음식이었기에 오늘날까지 전승되어 나라를 대표하는 디저트로 자리매김했을 것이다.

우리나라에 약과가 있다면, 중국에는 면소麵塑가 있다. 면소의 '면麵'은 밀가루, '소塑'는 빚는다는 뜻인데 밀가루로 만들어진 중국의 대표적인 전통 디저트이자 공예품으로 알려져 있다. 2008년 국가무형문화유산으로 지정된 이후 면소는 중국 기예의 상징으로 떠오르게 되었는데, 이는 오랜 세월의 깊이를 품어왔기에 가능한 일이다. 면소의 기원은 허난성 은허殷墟 유적지에서 출토된 청동 찜기인 언甗을 토대로 대략 상나라 시대로 추정한다. 밀가루 조리 기술이 상당히 이른 시기부터 발달되면서 당대에는 면소에 조형성을 가하는 나무틀이 사용되었다. 당나라 『유양잡조酉陽雜俎』에는 '나무에 연꽃과 동물 모양을 새

주나라 청동 찜기를 재현해서 만든 청나라 시대의 법랑 찜기. © 대만국립고궁박물관

겨 오색 밀가루를 넣어 도정한다'라는 기록이 전해진다. 이처럼 틀에 무늬를 새기고 형형색색의 반죽을 채워 넣는 방식은 면소가 예술품으로 나아가게 하는 첫걸음이었다.

이렇듯 면소는 오랫동안 중국의 대표적인 기예로 자리해왔는데도 단순히 시각을 즐겁게 하는 디저트로 알려졌을 뿐 면면히 이어온 전통 속에 담긴 이야기는 주목받지 못했다. 화려한 조형의 면소 속에 담긴 고대 중국 문화의 이야기를 통해 유구히 이어져온 면소의 가치를 탐색하고 그 아름다움을 감상해본다.

신혼부부에게는 달달한 밀화유증을

고대부터 명맥을 유지해온 면소는 크게 식용과 의례용으로 구분한다. 의례용은 목적에 따라 다시 화막花饃과 예막禮饃으로 나누며, 여기에서 '막饃'은 찐빵을 의미한다. 화막은 주로 세시절기와 제례에서 사용되며, 예막은 출산 및 관혼상제에서 활용된다. 이들은 주로 북방에 위치한 베이징, 산시山西, 섬서陝西, 산둥, 허베이, 허난 등의 지역을 중심으로 사용되어 북방 문화의 특징을 그대로 간직한 공예품이라고 할 수 있다.

먼저 예막은 출산, 혼인, 장례 등 삶의 중요한 순간을 함께 장식할 목적으로 사용되는데, 그에 관한 기록은 송나라 시대 문헌인 『동경몽화록東京夢華錄』에서 찾아볼 수 있다. 이 작품에 기록된 송나라 시대 귀족과 서민들의 일상을 통해 우리는 면소가 단순한 음식이 아닌 고대 중국인들의 애환과 염원을 담은 하나의 징표였음을 확인할 수 있다.

특히 혼인과 관련하여 주목할 예막에는 고막반高饃盤과 밀화유증蜜花油蒸이 있다. 고막반은 기둥 형태로 쌓아올린 꽃 모양의 면소로, 혼례식장에서 화려하게 단상을 장식한다. 주로 섬서 지역의 화현, 합현, 다리 등지에서 만들어졌으며 혼례의 성대함을 담당하는 중요한 요소였다. 이는 신랑과 신부의 혼인을 축하하고, 행복한 미래를 기원하는 의미를 담고 있다.

한편 밀화유증은 신혼의 달콤함을 축원하는 의미를 담은

혼례식장 단상을 장식하는 꽃기둥(고막반).
© a journey of culture 文化之旅行

음식으로, 친정에서 신혼부부에게 보내는 꿀을 바른 약과의 일종이다. 채색 비단과 함께 보내지는 이 면소는 송나라 시대에 두드러졌던 꿀 애호 풍조와 깊이 관련되어 있다. 당시 양봉업의 기술적 발전과 도시 경제의 성장으로 제수용 음식에만 진상되던 꿀이 민간에서 보편화되는 과정을 직접 확인할 수 있다. 흥미로운 점은 혼인 후 3일째 되는 날 신혼부부에게 밀화유증을 보내는 풍습이 있었다는 것이다. 이는 신혼부부의 결혼 생활이 달콤하고 원만하길 바라는 가족과 친지들의 마음이 담긴 상징적 행위이며, 이런 전통 속에서 면소는 인생의 중요한 순간을 기념하고 축복하는 귀한 풍속으로 자리 잡게 되었다.

중국의 주식으로 잘 알려진 만두饅頭 또한 면소의 초기 형태로 활용되어 송나라 시대에는 '고통을 나누다', 즉 '분통分痛'으로도 지칭되었다. 이것은 갓 출산한 산모에게 만두를 보내던 송나라 시대의 문화에서 시작되었는데, 당시 산모에게 보내는 만두의 형태는 잠자는 양(면양麵羊)이나 누워 있는 사슴 모양(면록麵鹿)으로 빚어져 산고로 지친 임부가 누워서 쉬기를 소망하는 의미를 담고 있었다.

예막이 면소의 식문화 기능에 더해 축원과 안위의 의미를 두는 데 중점을 두었다면, 화막은 제례와 세시절기에 진상의 기능에 중점을 둠으로써 명·청 시대 이후 공예 예술품으로 발전한 면소의 역할과 좀 더 맞닿아 있다.

중국의 대표적 명절인 춘절에는 대추떡 면소(조고棗糕)를 산 모양으로 쌓아 조상과 하늘에 제사를 지내며 한 해의 평안을 기원한다. 이 풍속은 산시와 섬서 지방을 중심으로 이루어졌다. 대추는 고대부터 복과 행운을 상징하는 과일로 인식되었으며 대추의 둥글고 풍만한 형태와 선명한 붉은색은 원만함, 풍요로움, 그리고 행운을 상징하는 것으로 여겨져 춘절 이외의 절기에도 다양한 형태의 화막으로 사용되었다. 산시 남부 지역에서는 '사반반蛇盤盤'이라는 화막을 빚어서 춘절에 장식하는 것이 보편화되어 있다. '사蛇'는 만사형통의 의미인 '사巳'와 동음이의어이며, 특히 금빛 뱀은 상서로움을 가져온다는 속설에 따라 춘절을 기념하는 대표적인 음식으로 자리 잡게 되었다.

악귀를 쫓고 한 해의 건강을 기원하는 중양절 풍습에 대해 『동경몽화록』에서는 '중양절을 맞이하기 하루이틀 전에 사람들은 떡을 주고받는 풍습이 있었다. 그 떡의 표면은 석류, 밤, 은행 등으로 장식했고, 밀가루로 빚은 사자 모형을 상단에 올렸다'라는 기록이 보인다. 또 고대 무관의 허리띠에는 일반적으로 사자 형상을 새겼는데, 이는 무관의 용맹함, 권위, 그리고 두려움 없는 힘을 과시하기 위함이었을 것이다. 이런 사자 이미지를 활용해 중양절에 악귀를 쫓기 위한 목적으로 사자 면소(면사麵獅)를 장식했음을 짐작할 수 있으며, 이 면소는 중양절에 유일하게 볼 수 있다.

이처럼 고대 중국에서 면소는 평범한 사람들의 삶 속에 녹아들어 관혼상제와 세시절기에 시기마다 가장 적합한 상징과 의미로 활용되면서 식용과 관상용으로서의 기능을 넘나들었음을 추측해볼 수 있다. 그리고 현대에 와서 면소는 장인의 손끝에서 빚어지는 정교함의 극치를 과시하는 공예품으로서의 가치 또한 인정받고 있다.

손끝으로 빚어내는 용과 봉황, 호랑이와 사자

산둥 등주의 면소 예술가 량췬의 작업실에는 밀가루로 빚어낸 면소 작품으로 가득 채워져 있다. 그의 대표작인「명청 시기 남북 관도 실경도明淸南北大官道實景圖」는 송나라 시대의 수도 카이펑의 청명절 풍경을 그린 장택단張擇端의「청명상하도淸明上下圖」를 바탕으로 명·청 시대의 도시 풍경, 시가지의 점포, 다리, 인물 형상 등을 표현한 면소이다. 이 작품은 현대의 면소가 장인의 손끝에서 피어난 예술품의 극치임을 확인할 수 있는 징표이다. 면소는 여타 기예와 달리 고대 중국의 제례, 세시절기, 민간 풍속 등에서 활용되어 공예품과 음식 문화로서의 이중적 의미를 지녀왔는데 명·청 시대 이후로 본격적인 공예품으로 발전하게 되었다. 그 제작 방식 역시 고대에서 현대로 계승되고 있는데 그 과정이 매우 정교하다.

면소의 제작 과정은 일반적으로 네 단계로 나누어진다. 밀가루 반죽과 발효를 거치는 과정이 1~2단계에 속하는데, 송나라 정대창程大昌은『연번로演繁露』에서 면소의 발효는 점성을 단단히 하는 과정으로 발효를 생략하는 경우에는 완전 건조를 거쳐야 갈라짐과 변질을 막을 수 있다고 강조했다. 그리하여 오늘날 관상용 면소의 경우 갈라짐을 방지하기 위해 반죽 속에 찹쌀가루, 꿀, 글리세린, 파라핀 등의 성분을 넣어 곰팡이 방지와 모형 유지 효과를 높인다. 모형 틀에서 형태를 잡는 3단계에서는 10여 가지의 소조 수법을 사용해 대략적인 형태를 잡고 면소의 세부 형태와 무늬를 완성한다. 특히 관상용 면소의 경우 장인이 숙련된 기술로 반죽 감기, 포개기, 상감, 엠보싱 등의 조형 기법으로 빠르게 제작해야 한다.

면소 제작의 마지막 단계는 식용이냐 관상용이냐에 따라 두 가지로 나누어진다. 식용 면소는 데친 후 찌는 과정을 거치고, 의례에서 사용되는 관상용 면소는 기름에 튀기거나 굽는 과정을 거친다. 이 경우 튀긴 면소 표면이 금빛을 띠며 장중한 분위기를 연출할 수 있어서 의례, 특히 상례에서 빈번히 사용되는 방식으로 알려져 있다.

정교하고 화려한 면소의 입체성은 조형과 색채 과정을 거치며 완성되는데, 표현 방식에 따라 부조형, 입체형, 모사형 등 세 가지로 나뉜다. 이 중 부조형은 식용 면소에서 활용되고, 입체형과 모사형은 관상용 면소 제작에 주로 사용된다. 입체형 면소에는 산시 진난 원시 지역의 대추떡(조산막棗山饃)이 대표적이다. 이 면소는 층층이 쌓아올린 대추떡에 갖가지 인형 면소(면인麵人)와 꽃 면소(면화麵花)를 정성스럽게 장식해서 지역 축제의 상징물로 삼는다. 한편 모사형은 용, 봉황 같은 상서로운 동물과 호랑이, 사자 같은 금수를 소재로 추상성과 상징성을 동시에 담아낸다. 특히 용과 봉황은 행운과 번영을 상징하기에, 관상용 면소에 빈번히 활용되는 소재이다.

모든 기예의 과정이 그러하겠지만 면소의 제작 과정은 고도의 섬세함을 요구한다. 밀가루 반죽부터 마지막으로 찌거나 굽는 과정에 이르기까지 무언가 누락되거나 실수를 하게 되면 관상용 면소로서의 가치를 잃게 된다. 산둥에 위치한 무형문화유산 박물관에는 면소 예술가 줘안성이 제작한 용 면소(면용麵龍)가 전시되어 있다. 용은 예로부터 중국에서 신성함과 황제의 권위를 동시에 상징했기에 관상 면소에서 자주 사용된다. 용 면소를 제작할 때 그 형상은 다양하게 표현되지만 변하지 않는 요소는 바로 채색이다. 용 면소는 그 장중함과 신성함이 전달되어야 하므로 다른 작품에 비해 채색이 중요하다.

면소의 색채 구성은 흰색과 채색으로 구분한다. 면소의 주재료가 밀가

면소 예술가 리우두어刻朵의 작품 「태평성세 속 용의 비상盛世龙騰」(왼쪽)과 「구룡에 둘러싸인 관음九龙观음」(오른쪽). ©sohu泰山文旅家

루인 점을 감안하면 흰색은 기본 색깔이라고 할 수 있다. 흰 면소는 반죽을 찐 후 속은 말랑말랑하고 겉면은 윤택하게 빛을 내서 옥석의 표면같이 윤기가 흐르도록 한다. 흰색 면소는 주로 섬서 화현, 허베이 자현 등지에서 사용된다.

채색 면소는 '3할은 조형, 7할은 채색(삼분조三分塑, 칠분채七分彩)' 기법이 대표적으로 사용된다. 이는 선명한 색채를 사용해 면소의 입체성과 대담함을 전하고자 했던 면소 예술가들의 지혜를 고스란히 담고 있다. 면소 채색은 흰색 밀가루로 빚어낸 형상물에 각양각색의 색을 입혀서 면소의 무늬와 곡선을 강조하고 각 조형물의 특징을 입체화시키며, 조형과 채색의 완벽한 조화를 통해 예술가의 감정을 불어넣는 또 하나의 표현 수단인 것이다.

면소의 채색 과정에서 중요시되는 것은 색채의 조화이다. '빨강과 초록이 어우러지면 마치 옥처럼 아름답고, 빨강과 보라가 섞이면 생기를 잃는다. 빨강은 선명해야 하고, 초록은 생기 있어야 하며, 흰색은 깨끗해야 한다. 단순히 붉고 푸르다고 해서 좋은 것이 아니라 노란색이 색감을 살려주는 역할을 하므로 반드시 필요하다.' 이와 같은 고대 문헌 속의 기록은 색채 운용의 중요성을 강조하고 있다. 화려한 면소의 색감이 두드러지게 나타나는 지역은 산시 합양으로, 혼례에서 빈번하게 사용된 예를 볼 수 있다. 이 지역에서는 신혼부부의 신행 때 화려한 색감의 꽃 면소를 사용해 그들의 행복을 축원하는 풍습이 전해지는데, 화려한 채색의 꽃 면소는 그 아름다움으로 정과 예를 전하는 매개체로 활용되었다.

면소의 채색이 이루어지기 시작한 것은 명·청 시대 이후인데, 그로부터 면소는 공예품으로 본격적인 발전을 하여 보는 이들의 감성을 자극하는 손끝의 예술로 자리 잡게 되었다.

문화의 기호가 된 전통 디저트

신장 투르판 지역에서 발견된 당나라 시대의 여성 토우는 탈곡을 하거나 맷돌을 갈며 밀가루 음식을 만드는 과정을 보여주는 형상이었다. 그 밖에도 돼지 인형(면저麵猪), 인형 면소 등이 함께 출토되었는데, 이는 농업을 기반으로 한 고대 중국 사회의 특징을 반영한 것이다.

중국 문화 속 면소의 의미는 다양한 민간 풍속 활동에서 발견된다. 민간에서 전해오는 '대문에는 사자, 중문에는 개, 토지신 앞에서는 호랑이가 지킨다'는 속담은 토지신을 숭배한 고대 중국 사회의 풍속이 고스란히 반영되어 있다. 토지신 숭배는 춘절 기간이나 2월 2일에 이루어지는데 주로 개 면소(면구麵狗), 대추산 찐빵(조산막棗山饃) 등을 토지신에게 바치며 비바람의 재해로부터 인간과 가축의 안위를 기도했다.

음력 섣달 23일에는 부엌신에 대한 제사가 이루어지는데, 식용 면소인 대추떡을 쪄서 제수로 바치며 가족의 건강과 재해로부터의 평안을 염원한다. 산시 진성 지역에서는 문고리 모양의 대추 면소를 제사에 올려 문신을 봉양하는 풍속이 존재하며, 섬서 대려에서는 2월 2일에 꽃 면소를 약신에게 바친다. 또한 일부 지역의 민간

한 해의 건강과 평안의 염원을 담은 음력 섣달 23일의 대추산 찐빵(조산막). ⓒ Horizon Stories

제사에서는 토템을 면소로 제작해서 공양한다. 청룡 면소는 섬서 여양에서 용왕과 하백에게 제물로 바쳐져 해충 박멸과 오곡의 풍요로움에 대한 지역민들의 소망을 대변한다. 청룡은 예로부터 자연 천문 현상의 수호자로 인식되었고, 특히 강우를 관장하는 신성한 존재로 여겨졌다. 비는 고대 농경 사회에서 생명이자 풍성한 수확을 의미했기에, 청룡 면소에 깃든 고대인들의 절실함이 고스란히 느껴지는 듯하다.

면소는 고금을 관통하며 중국 문화의 명맥을 이어온 대표적인 공예품이자 전통 디저트이다. 시각과 미각을 자극하며 혀끝의 달콤함을 채우고, 세시절기의 행사와 의례에서 중국인들의 염원과 삶의 이야기를 품어서 빚어진 면소는 중국을 대표하는 기예로 평가받기에 부족함이 없어 보인다.*

---

* 지명 표기 중 산시와 섬서는 중국어 발음으로 '산시', 동음이의어에 해당한다. 두 지명의 혼동을 피하기 위해 산서성山西省은 '산시', 섬서성陝西省은 '섬서'로 표기했다.

이연희

중국사회과학원에서 고대 중국 문학을 전공했다. 지금은 서울여자대학교 중어중문학과에 재직 중이며 중국 문학 입문과 중국 고대 소설을 강의하고 있다. 중국 신화와 소설, 그리고 현대 문화 속 중국의 서사문학에 대해 연구하고 있다. 지은 책으로 『동양의 고전을 읽는다』, 『중화명승』 등이 있고 옮긴 책으로 『풍속통의』 등이 있다.

혼과 인내로 기나긴 시간을 짜내다

직금

이주해

모든 기예에는 보이지 않는 인고의 시간이 담겨 있다. 하나의 작품이 탄생하기까지, 그것이 공연 예술이건 공예 작품이건, 그 한순간을, 한 작품을 탄생시키기 위해 장인들은 숱한 인고의 시간을 견디고 또 견뎠을 것이다. 지금 이야기하고자 하는 직금織錦 공예는 그 기술을 익히기 위해 보낸 세월은 말할 것도 없거니와 한 폭의 천이 완성되기까지 상상 이상의 시간을 견뎌야 하는 인내의 예술이다. 시간과 보이지 않는 전투를 벌인 끝에 탄생한 예술이 곧 직금인 것이다.

그러나 전통 공예라는 것이 늘 그렇듯, 이 직금 공예는 일상에서 탄생하여 일상에서 소비되는 것이었으므로 이름난 장인이 따로 있지 않다. 각지의 유명한 직금술을 소개할 때면 마을 어느 집에 솜씨 좋은 여인이 있었는데, 마을에서 그 솜씨를 배워 크게 유행하게 되었다 정도의 전설이 따라다닌다. 베틀 앞에 앉아 베를 짠 모든 여인이 장인인 셈이다.

'은하수는 멀고도 먼데, 직녀는 베를 짜네. 견우는 바라보며, 하룻밤의

베틀에서 작업하는 여인. ⓒ cc0.cn

만남을 기다리네.'

『시경』에 보이는 시편이다. 베 짜는 여인 직녀는 소 치는 남자 견우와의 칠석날 하룻밤 만남을 기다리며 베틀 앞에서 1년 내내 베를 짰다. 얼마나 호된 인고의 시간이었을까. 직녀의 잔영은 전통 시대를 살아간 수많은 여인네에게도 드리워졌으니, 베틀 위의 수심은 수많은 구전가요를 통해 전해진다.

'베틀을 노세, 베틀을 노세, 옥난간에 베틀을 노세. 에헤요 베 짜는 아가씨 사랑 노래 베틀에 수심만 지누나.'

일평생을 베틀과 함께 놀아야 했던 여인들에게 베 짜기란 평생의 일거리이자 외로움의 벗이었고, 그 한숨을 통해 짜인 한 폭의 천은 인고의 시간과 정성을 담보로 한 예술 작품이었다. 이렇듯 여인네들의 삶에서 베 짜기는 일대 중대사였기에, 칠석날 밤이 되면 과일과 꽃을 준비해놓고 직녀

날실과 씨실을 엮는 작업. ⓒcc0.cn

에게 '걸교제乞巧祭'를 지내면서 여공女工 솜씨가 좋아지게 해달라고 소원을 빌었던 것이다.

　베 짜는 기술의 극치를 보여주는 작품은 일명 '회문시回文詩'라고 일컬어지는 선기도璇璣圖이다. 중국 남북조시대 전진前秦에 살았던 소혜蘇蕙는 멀리 유배 간 남편 두도竇滔에게 그리워 애타는 심정을 시로 실어 보냈는데, 붓을 들어 글씨를 쓰는 대신 베틀 앞에 앉아 금단錦緞 위에 실로 글자를 직조해 넣었다. 총 841자로 문양을 이루었는데, 글자가 종횡으로 교차하며 옆으로 눕기도 하고 거꾸로 뒤집혀 있기도 하여 독법讀法을 알아내기 어렵다. 실로 직물을 짜는 일만도 지난한 작업인데, 밑그림도 도안도 없이 색실을 교차해 넣어 문자를 짜 넣는다는 것이 얼마나 어려운 일이겠는가. '은애 깊은 부부가 오래도록 떨어져 있어, 원앙 베개에서 눈물만 흘리네요. 가여워라, 같은 하늘 아래서 해와 달을 보건만, 님은 어이하여 빨리 돌아오지 않으시나요? 비단 짜 문자를 돌려 넣어 천자께 드리면, 당신을 속히 풀어주어 내게 보내주실까요 夫妇恩深久别离, 鸳鸯枕上泪双垂……可怜天地同日月, 我夫何不早归回? 织锦回文朝天子, 早赦奴夫配寡妻?' 그 구상도 기발하고 솜씨도 절묘하며, 수수께끼와 같은 문양을 짜 넣어 천자에게 알리려 했다니, 담도 참 크다. 그래서 지금까지 인구에 회자되고 있는 것이리라.

실에서 천으로, 일상에서 예술로

베를 짠다는 말 자체가 그렇듯, 편직編織은 옷이며 이불이며 신발이며 장신구 등 인간이 살아가는 데 꼭 필요한 의식주 중 의생활을 위한 것을 지어내는 일종의 작업이다. 따라서 그 태생은 '기예'라는 명칭과 꼭 맞닿지 않을 수도 있다. 그러나 여기에 비단이 등장하면 그 의미가 조금 달라진다. 목화에서 솜을, 마麻 등의 식물에서 섬유질을 뽑아서 비틀어 꼬고 하나로 이어 실을 만들고, 그것을 천으로 짜서 의복으로 지어낸 무명이나 베와 달리, 명주 짜기는 그 난이도부터가 다르고 완성품 역시 예술품과 진배없다.

지금이야 양잠하는 사람을 거의 찾아보기 어려워졌지만 옛날 여인들의 일상 중 빼놓을 수 없는 일이 바로 누에치기였으니, 비단을 짜기 위해서는 이 누에치기라는 또 하나의 노동이 추가되어야 하는 셈이다. 누에를 치고 난 다음 과정은 더 복잡하다. 삼베나 모시 등 다른 전통 섬유가 실을 만드는 과정이 어렵다면 견직물은 실을 뽑은 후의 과정이 더 어렵다. 누에실은 젖은 상태에서 서로 달라붙는 성질이 있으므로 뽑아낸 실을 젖어 있을 때 가닥가닥 찢은 후 말려 왕채로 다시 감아야 한다. 이것을 다시 길게 늘어뜨려 곱게 빗은 다음 틀 위에 놓으면 이제 짜는 작업만 남았다.

그러나 베틀에 올라가도 미친 듯이 끊어지기 때문에 고운 명주는 '짜는 시간이 반, 고치는 시간이 반'이라고 한다. 여기에 한 가지 공정이 빠져 있으니, 그것은 바로 뜨거운 물이나 초산 등에 담그고 세리신을 녹여 광택이 나게 하는 작업과 실을 물들이는 염색 작업이다. 그렇게 해야 곱고 매끄러운 비단 천과 거기에 갖은 문양을 수놓을 금실, 은실, 청실, 홍실 오색실이 탄생한다. 이 금상첨화錦上添花의 과정은 단순한 노동을 넘어선 하나의 예술의 경지이며, 여인네 혼자서 감당해내기 어려운, 협업과 분업이 필수인 마을 공동체 전체의 수공업이 되는 것이다.

'비단 장수 왕서방, 명월이한테 반해서'라는 노래까지 있듯이, 중국인들의 비단 사랑은 유별나다. 명실상부한 양잠업의 발상지로서 '실크로드'라는 이름이 붙은 것만으로도 중국 비단의 위상을 짐작케 한다. 중국의 호화로운 문명을 떠올릴 때 먼저 언급되는 것 또한 노랗고 빨갛고, 거기에 모란이며 매화며 용이며 봉황이며 구름이며 학이며, 게다가 '吉祥', '壽', '卍' 자와 같이 중국인이 사랑하는 글씨까지 온갖 물상을 짜 넣은 비단이 아니겠는가.

특히 비단에 갖은 화려한 무늬를 짜 넣는 기술, 즉 직금술은 가히 독보적이라 할 수 있다. 기록에 따르면 중국에서는 상나라·주나라 때부터 직금술이 발달했으며, 한나라 때부터는 국가 차원에서 직실織室이나 금서錦署 등 관청을 설치해 직접 생산, 제작을 관리했다고 한다. 원나라 때는 그 규모가 더욱 커지고 더욱 화려해져서, 역사상 가장 많은 직금금織金錦(금을 넣어 만든 견직물)을 생산했으며, 금서 이외에 직염국織染局까지 두었다. 기계는 더욱 커져서 2층으로 만들어진 틀에 한 사람은 앉고 한 사람은 서서 방직을 해야만 비단을 짤 수 있었다.

특히 금실은 노련한 장인이 아니면 만들기 어렵다. 금 조각을 오금지烏金紙 안에 넣은 다음 백 번이고 천 번이고 쳐서 금박으로 만들고, 순전히 장인의 감각에 의지해 각도를 조절해가면서 얇디얇은 금실을 뽑아내야 한다. 그 정도의 공력이 들어가야 황제와 황후들이나 입을 법한 진귀한 의상, 의자에 놓을 방석, 덮고 잘 이불, 신발, 머리 장식에 이르기까지 화려하고 찬란하기 그지없는 능라綾羅 비단이 탄생하는 것이다. 이렇듯 중앙의 통제 아래 생산된 고급 비단은 규모와 기술력을 갖춘 금서의 장인들의 손을 거쳤을 뿐만 아니라 외교와 무역에도 톡톡히 유명세를 떨쳤으니, 직금 공예는 중국인의 자부심이자 중국 문화의 총체적 상징이라 할 수 있다.

보통 중국의 4대 직금이라고 하면 남경의 운금雲錦, 사천의 촉금蜀錦, 소주의 송금宋錦, 그리고 호남의 토가금土家錦을 꼽는다. 이들 지역 모두 기후가 양잠업이 발달하기에 적합한 곳인데, 직조하는 방식과 색감 등에 차이가 있을 뿐더러 선호하는 문양이나 특징, 유행한 시기도 각각 다르다. 그러나 금은실을 사용해 화려함의 극치를 표현하고, 화려한 비단 바탕에 길상과 부귀와 순조로움을 기원하는 염원을 담은 것은 다르지 않다. 호남의 토가금은 유일하게 소수민족의 직금인데, 그 문양이나 의미가 앞의 세 종류와 다르다.

모든 혼수를 내 손으로

중국 소수민족의 직조술은 지금도 유명하다. 그들이 입고 있는 전통 의상을 보면 옷깃이나 모자나 신발, 혹은 가방 등에 어김없이 직조한 문양이 들어가 있다. 그 모양은 얼핏 보아도 중원의 그것과 사뭇 다른데, 중원처럼 매끄럽고 빛나는 능라 비단도 아니요 온갖 길상과 경사를 기원하는 문양도 들어 있지 않다. 대신 다소 두터운 바탕에 반복적인 패턴을 짜 넣어 연속성을 주고, 보다 강렬한 색상을 선택해 중원의 고급스런 멋이 아닌 소수민족 특유의 자유분방한 야성미를 담는다.

호남 일대에 퍼져 사는 토가족의 직금술은 그중에서도 가장 뛰어나다. 그들은 진한시대부터 정교한 종포賨布를 짤 줄 알았는데,『화양국지華陽國志』에서는 그런 천을 '난간세포蘭干細布'라 부르며 '비단 같았다'고 표현했고,『계만총소溪蠻叢笑』에는 '오색실로 길쌈하여 문채가 화려하고 볼 만하다. 보통 그것으로 이불, 옷, 치마, 수건을 만든다. 그러므로 동포峒布라고 부른다'라고 기록하고 있다.

이처럼 직금으로 이름 높은 민족이다 보니, '꽃문양도 못 짜는 딸을 기르느니, 안 기르느니만 못하다네'라는 노래가 전해 내려올 정도이고, 집집마다 베틀을 놓고 거의 모든 여자가 직접 천을 짠다. 토가족 여자아이는 어려서부터 직물 짜기를 배우고, 성장하여 시집을 가게 되면 이불이며 양탄자며 방석이며 모든 혼수를 직접 짜서 마련한다. 이것은 토가족이 대대로 지켜온 전통이며, 그들 고유의 전통 직물을 토가어로 '시란카푸西蘭卡普'라고 부른다. 시란카푸라는 단어에 대해서는 여러 가지 설이 있는데, 솜씨 좋은 시란이라는 여자가 짠 직물의 이름이라는 전설이 널리 알려졌다.

산속에서 사는 민족답게 그들은 솔직하고 발랄하고 열정적이다. 그러한 특징을 발산하듯 시란카푸는 주로 짙은 초록색과 붉은색 위주인데 운금의 장중한 멋도, 촉금의 화려한 멋도 없지만 토가족 특유의 솔직 대범한 문화적 색채가 짙게 배어 있다. 대표적인 문양으로는 연속 대칭 구조의 직선으로 이루어진 추상적 도안을 꼽을 수 있는데, 그 외에도 일상 속에서 흔히 접할 수 있는 정경과 사물들, 토가 여인들의 눈에 아름다워 보이는 모든 것, 예를 들어 달맞이꽃, 작은 소녀, 밤나무 꽃, 소꿉장난하는 모습 등 어떤 장면이건 마음으로 구상하고 손으로 다 짜 넣을 수 있다.

시란카푸는 명주실과 목화실을 함께 사용해 좁고 작은 베틀 위에서 천을 짜는데, 사전 작업 또한 매우 복잡해서 실을 곱게 염색하고 짜 넣을 문양을 머릿속에 그린 다음 문양의 순서에 맞게 색을 배합해서 틀 위에 배치

정교하게 짜인 시란카푸. ⓒ 中国恩施西兰卡普传承人 田若芬

한다. 사실 이 작업은 혼자서 해내기에 벅찬지라, 실을 염색하고 실을 말려서 길게 늘어뜨리고, 이를 틀에 올려 잘 빗어주는 모든 과정을 동네 여인들이 날을 잡아 한데 모여 공동으로 수행한다. 어찌 보면 공동체의 예술인 셈이다. 더구나 밑그림 없이 오로지 머릿속 구상으로만 짜 내려가는 솜씨라니. 한 줄 한 줄 씨실과 날실이 교차할 때마다 조금씩 선명해지는 문양이 참으로 신기하기 그지없다.

베틀은 시간을 연주한다

우리는 늘 옷을 입고 살지만 그 옷이 실 한 올에서 시작된다는 생각은 잘 못한다. 방직 기계라는 말을 들어보기는 했으나, 어떤 과정을 거쳐 옷

시란카푸를 짜는 토가족 여인들. ⓒ中国非物质文化遗产网·中国非物质文化遗产数字博物馆

이 완성되는지도 잘 상상하지 못한다. 애초부터 천이 있었고 옷이 있었던 것처럼 무의식적으로 의복을 소비한다. 옷의 홍수 속에 사는 현대인에게 전통 직금 공예가 시사하는 바는 자못 신선하다. 한 폭의 천이 완성되기까지 얼마나 많은 노력이 있었는지, 원래 있었던 문양인 양 규칙적으로 배치된 꽃문양이 기실 얼마나 대단한 솜씨를 필요로 하는지 비로소 깨닫게 되니 말이다.

『영순부지永順府志』에 토가금에 대한 설명이 좀 더 자세히 나와 있다. '알록달록한 천이 바로 토금土錦이다.' '토가족 사람들은 한 손으로 가로줄을 짜고 한 손으로 실패를 잡아 꽃문양을 넣음으로써 오색을 완성한다.' 이 설명은 모든 직금에 적용될 수 있다. 한 폭의 천을 짜려면 두 손과 두 발이 함께 움직여야 한다. 삐거덕삐거덕, 철컥철컥. 앞뒤 두 겹으로 세로로 놓은 실 사이로 골패에 잘 감은 가로 실을 건네 보낸다. 색도 잘 맞아야 한다. 색실이 틀리면 문양을 그르치게 된다. 이렇게 손 한 번 발 한 번 손 한 번 발 한 번, 씨실과 날실을 숱하게 보내고 또 보낸, 그 지루한 반복 과정을 통해 고운 비단이 완성되고 의미 있는 문양이 도드라진다. 마치 관악기와 현악기, 그리고 타악기까지 어우러진 교향악이라고나 할까. 삐거덕삐거덕, 철컥철컥 소리는 아름다운 천이 완성되어가는 기나긴 시간의 연주이다. 베틀 앞에서 긴 시간을 싸워온 여인들이야말로 중국의 직금 공예를 화려하게 꽃피우고 지금까지도 지켜내고 있는 시간의 대가인 것이다.

모든 전통 공예가 그러하듯, 지금은 하나의 '관광' 상품이 되어 관광객에게 체험 학습용으로 제공하고 기념품으로 판매하는 정도로 그 명맥을 유지하는 것이 중국 직금 공예의 현주소이다. 하지만 이 또한 이 시대에 전통을 지켜나가는 하나의 방법이니 어찌하겠는가. 수백만 원을 호가하는 비단 마고자이건, 비교적 저렴하게 살 수 있는 천 가방이건, 그 작품이 눈앞에 전시되기까지 거쳐간 이름 모를 장인의 손길을 떠올리고, 한때 화려하게 꽃피웠던 직금 공예의 전성기를 추억할 수 있다면 그것으로 충분하지 않을까.

이주해

연세대학교 중어중문학과를 졸업하고 국립타이완대학에서 중국 고전 산문 연구로 석사 및 박사학위를 받았다. 지금은 이화여자대학교 한국문화연구원 연구교수로 재직 중이다. 지은 책으로『집단감성의 계보』,『중화미각』,『중화명승』등이 있고 옮긴 책으로『한유문집』,『육구연집』,『펑쯔카이 만화 고시사』,『오문기략』등이 있다.

세상을 매혹시킨 블루앤화이트

청화백자

송진영

아침에 일어나 마시는 커피 한 잔부터 하루 세끼 식사까지 우리는 한식이든 양식이든, 저렴한 제품이든 고급 제품이든 도자기를 사용한다. 기계를 이용한 대량 생산이 가능해진 지금은 도자기 없는 일상을 상상할 수 없지만, 불과 몇백 년 전만 해도 따뜻한 온기를 오래도록 유지시켜주는 얇고 가벼운 도자기는 아무나 소유할 수 없는 최고급 제품이었다.

유약을 쓰지 않는 토기나 낮은 온도에서 굽는 도기는 세계 곳곳에서 만들어졌지만 1,300도가 넘는 높은 온도에서 구워낸, 하얀 바탕에 푸른빛 무늬로 빛나는 도자기는 오로지 중국에서만 제작 가능한 최첨단 하이테크 상품이자 아름다운 공예품이었다. 중국에서 탄생한 이 청화백자 靑花白磁는 인근의 아시아는 물론 유럽까지 수출되며 전 세계 사람들을 매혹시켰다. 도자기는 자연스럽게 중국을 연상시켰고, '차이나'는 도자기를 뜻하게 된다.

그런데 지금 전 세계의 고급 도자기 식기 시장을 석권하고 있는 제품은 하나같이 각국의 왕실에 납품했다는 유럽 태생 브랜드뿐이다. 정작 '메이드 인 차이나'는 보이지 않는다. 도대체 무슨 일이 있었던 것일까?

중국에서 온 푸른빛의 마법, 시누아즈리의 시작

15세기 포르투갈에 의해 대항해시대가 열렸다. 후발 주자였던 네덜란드는 1602년 동인도회사를 설립하고, 1603년 말라카해협에서 포르투갈 상선 산타 카타리나호를 탈취했다. 그리고 선박에 실려 있던 16톤에 달하는 중국 도자기를 암스테르담과 미델뷔르흐에 경매로 내놓았다.

가볍고 단단하며 순백의 바탕에 선명한 푸른색 문양이 그려진 도자기. 유럽인들은 처음 보는 이 신비한 블루앤화이트 자기에 매혹되어 왕족부터 상인, 부르주아 할 것 없이 모두가 기꺼이 거금을 내놓았다. 저 멀리 바다 건너 미지의 나라 중국에서 건너온 신비한 도자기를 소유하는 것은 남과 다른 신분의 고귀함과 부유함을 상징하기 때문이었다. 물론 그 이전인 15세기에 이미 오스만 제국 술탄의 궁전에서 실크로드 교역이나 전리품으로 들여온 청화백자가 사용되었고, 이슬람 상인이나 포르투갈 상선을 통해 유럽 왕실이 청화백자를 접했지만 이렇게 한꺼번에 대량으로 대중에게 공개되는 것은 처음 있는 일이었다.

왕실의 군주들은 귀한 신분을 자랑하듯 경쟁적으로 많은 도자기를 구입해 도자기 방을 만들기 시작했다. 프랑스의 루이 14세는 베르사유 궁전 내 트리아농에 도자기 별궁 Trianon de Porcelaine을 만들었고, 덴마크의 프레데리크 4세, 영국의 메리 2세, 프로이센의 프리드리히 1세 모두 자신들의 궁전에 화려한 도자기 방을 조성했다. 가장 열광적인 도자기 수집광은 작센 공국의 아우구스트 2세였다. 그는 드레스덴에 도자기궁을 만들고 엄청난 양의 중국 도자기와 일본 도자기를 수집했다. 심지어 찾고 있던 진귀한 명

프로이센 프리드리히 1세의 명에 의해 조성된 샤를로텐부르크 궁전의 도자기 방. ⓒshutterstock

대 도자기를 프로이센의 빌헬름 1세가 갖고 있다는 것을 알고는 작센의 핵심 병력인 용기병 600명과 바꾸었다는 일화가 전해질 정도이다.

　이들 왕실의 도자기 방 대부분을 채운 것이 바로 청화백자이다. 왕실의 도자기 수집 광풍을 본 귀족들은 물론이고 부유한 상인과 부르주아들까지 이 명품 도자기 구매 대열에 합류했다. 왕실의 호사스런 도자기를 자신의 거실에 비치하며 자신도 그 세상의 일원이 되기를 열망했던 것이다. 청

피터르 클라스, 「칠면조 파이가 있는 정물화」 ⓒRijksmuseum

화백자 열풍에서 시작된 중국적인 것에 대한 애호와 열광은 비단, 병풍, 차 등 다른 제품으로 확대되어갔다. 이른바 17~18세기에 유럽 전역을 강타한 중국 열풍, 시누아즈리Chinoiserie의 시작이었다.

청화백자는 특히 유럽인들의 생활 습관, 식생활에 큰 영향을 미쳤다. 때마침 유럽에서는 아프리카와 아시아에서 건너온 커피와 차가 유행했는데, 투박한 나무나 뜨거운 주석 잔은 따뜻한 온기를 기분 좋게 유지해주는 도자기 잔으로 빠르게 대체되었다. 부유한 부르주아들은 손님을 초대해 가볍고 아름다운 도자기 접시에 음식을 내어놓고, 도자기 티세트에 커피나 홍차를 대접하며 자신의 신분과 부, 고급스런 취향을 드러냈다. 이러한 모습은 17세기 네덜란드에서 유행했던 정물화 속에 남아 있다. 대항해시대 동방무역의 성공으로 부유해진 네덜란드에서는 종교개혁과 더불어 종교화 대신 꽃과 음식, 진귀한 물건을 그려 넣는 정물화가 유행했다. 피터르 클라스가 그린 「칠면조 파이가 있는 정물화」(1627년)에는 좌측의 빛나는 은제 식기와 우측에 과일이 담긴 청화백자 그릇이 대조적이다. 은제 식기와 칠면조 파이, 석화, 청화백자는 사실 어느 것 하나도 평범하지 않은데,

17세기 부유한 유럽인들의 일상에 이미 청화백자가 자리 잡고 있었음을 엿볼 수 있다.

흙과 불의 만남, 차이나의 탄생

일찍이 불을 다룰 수 있었던 인류는 신석기시대가 되면 농경 생활과 정착 생활을 하면서 곡물을 저장하거나 음식을 조리하는 데 도구가 필요해졌다. 이때 주변의 진흙을 빚어 마당에 피운 불이나 작은 화덕에서 구워낸 것이 토기이다. 토기, 옹기, 도기, 자기 등을 포괄적으로 지칭하는 도자기의 첫 단계라고 할 수 있다.

아직 유약을 사용하지 않아 방수 기능이 완벽하지는 않았지만 곡물이나 음식을 저장하고 짧은 시간 동안 물을 담아놓는 데는 문제가 없었다. 중국 최초의 토기 제작은 신석기 초기, 기원전 5000년경 화북 지역에서 시작되었고, 세계 곳곳의 신석기 문명 지역에서도 토기가 발견된다. 이후 흙을 좀 더 곱게 고르거나 성분이 다른 점토를 사용하고 굽는 온도를 높여가면서 다양한 도기를 만들 수 있게 되었다. 토기나 채도彩陶가 일반적으로 800도 정도에서 소성된다면, 도기는 1,000~1,200도에서 소성된다. 또한 다양한 유약과 안료를 사용하게 되면서 다양한 색상도 구현할 수 있게 되었다.

1,300도 이상의 높은 온도와 고령토라는 철 성분이 적은 흙이 만나야 우윳빛으로 빛나는 백색 자기가 탄생할 수 있다. 특히 높은 온도를 안정적으로 오래 유지할 수 있는 가마와 풍부한 땔감, 산화와 환원 등 불을 적절히 통제하는 기술이 필요하기 때문에 자기는 가장 발전된 단계의 도자기이다. 중국에서는 상대商代에 이미 백색 고령토를 발견해 백도白陶 제작에 사

용했고, 서기 100년경에는 원시 자기를 만들 수 있었던 것으로 보인다. 당·송대를 거치며 비약적인 기술 발전을 거듭하면서 단단하고 잘 깨지지 않는 유리질화된 경질 자기, 즉 영롱한 옥빛을 재현한 청자와 희고 단단한 백자를 제작해 주변 국가로 수출하기 시작한다. 같은 자기라도 철 성분이 많은 점토로 만든 것이 청자이고, 철 성분이 적은 고령토를 배합해 고온에서 소성한 것이 백자이다. 1,200도 정도에서 소성되는 청자보다 더 높은 1,300도에서 소성되는 백자는 좀 더 견고하고 가벼운 유리질화된 흰빛을 구현해낼 수 있었다.

전통적으로 중국의 화북 지역은 백자, 화남 지역은 청자로 유명했지만 북송이 멸망하면서 화북 지역의 도공들이 경덕진景德鎭으로 이주하게 되고 경덕진은 최고 수준의 청자, 청잣빛이 도는 백자인 영청자影靑瓷, 백자를 모두 생산하며 명성을 얻었다. 백색을 좋아하는 몽골족의 원나라는 백자를 선호했고, 양질의 백자를 생산하는 경덕진에 부량자국浮梁瓷局을 설치했다. 경덕진은 자토와 고령토를 80 대 20으로 섞는 이원배합법을 사용해 보다 희고 질 좋은 백자를 만들었는데, 이 특별한 백자 태토에 코발트 산화물을 함유한 청색 안료로 문양을 그리고 투명 유약을 시유한 후 고온에서 환원 소성한 것이 청화백자이다.

가장 앞선 자기 제작 기술이 담긴 청화백자를 제작할 수 있는 나라는 당시 전 세계에서 중국이 유일했다. 경덕진에서 생산된 청화백자는 14세기 원나라 때 동남아시아와 서아시아 및 소아시아 이슬람 지역으로 수출되었고, 포르투갈과 네덜란드 상인들에 의해 유럽으로도 수출되어 17~18세기 유럽인들을 열광시켰다. 그 후 중국은 청화백자 외에도 실크로드 해상 교역의 출발점인 천주항泉州港 근처의 덕화德化에서 생산된 우윳빛 백자, 유럽에서 '차이니즈 화이트'로 불린 덕화백자와 광주廣州의 화려한 채색자기를 대량으로 수출했다. 명·청 교체기의 혼란과 청나라 초기의 쇄국정책

국내산 토청을 사용하고 중국적 심미관이 반영된 명나라 성화연간의 청화영희도완 青花嬰戱圖碗.
© 國立故宮博物院

지정至正 11년(1351년)이라는 정확한 제작연도가 쓰인 원나라 청화용문상이병 青花龍紋象耳瓶.
© BritishMuseum

으로 인해 도자기 수출이 중단된 적이 있었고 자기 생산 능력을 갖춘 일본이 그 틈새를 메우며 인기를 얻었지만, 19세기까지 중국은 여전히 전 세계에서 가장 많은 도자기를 생산하고 수출하는 나라였다. 그리고 그 중심에는 당시 최고의 하이테크 상품이자 예술품인 청화백자가 있었다. 차이나China는 원래 중국을 지칭했지만, 중국에서 건너온 도자기가 차이나china로 불리게 된 것은 어쩌면 너무나 자연스러운 일이었다.

이슬람의 선물 코발트블루

청화백자가 탄생하기 위해서는 백자 제작 기술 외에 고온에서 견뎌낼 수 있는 품질 좋은 안료, 백자 위에서 아름다운 푸른빛을 구현할 수 있는 코발트색 안료가 필수적이다. 그런데 이 푸른 안료는 어디서 왔을까? 중국에서는 이 안료를 '회회청回回青' 또는 '회청回青'이라 불렀는데, 이슬람

이란 이스파한의 이맘 모스크 외부. ⓒ shutterstock

의 청색이라는 뜻으로 원산지는 이란의 카샨 지역으로 알려져 있다. 화학식으로는 Co, 원자번호 27번 코발트이고 고대 근동의 도기 장식과 타일에 오랫동안 사용되었다.

 이슬람 문화권의 푸른색 사랑은 잘 알려져 있다. 이슬람 건축의 걸작인 이스파한의 이맘 모스크나 '블루 모스크'라는 별명으로 유명한 이스탄불의 슐레이만 아흐메트 모스크는 17세기 건축물인데, 모두 아름다운 푸른색 타일과 문양으로 장식되어 있다.

 푸른색은 하늘뿐 아니라 오아시스를 상징하고, 사막지대에 거주하는 이슬람인들은 물을 상징하는 푸른색을 특히 선호했다고 한다. 그래서 이슬람인들은 오랫동안 도기에 푸른빛을 구현하려 했지만 기술이 부족한 상태였다.

튀르키예 이스탄불의 슐레이만 아흐메트 모스크 내부. ⓒ송진영

경덕진에서 제작된 원나라의 청화전지모란문매병
靑花纏枝牡丹紋梅甁. ⓒ 송진영(경덕진 중국도자박물관 소장)

회청은 당대唐代에도 정색제程色濟로 사용된 적이 있지만 도자기를 장식하기 위한 안료로서 본격적으로 사용된 것은 청화백자가 제작된 원대元代인데, 이슬람 상인들로부터 전해졌을 것으로 추정된다. 따라서 원거리 수입산 안료를 사용한 청화백자는 처음부터 값비싼 자기, 사치품이 될 수밖에 없었다. 예를 들어 조선은 비교적 이른 시기인 15세기에 청화백자를 만들 수 있었지만, 당시 페르시아와 직접 교역하지 않았기 때문에 회청을 확보하기가 쉽지 않았다. 중국을 통해서 고가에 수입해야 했는데, 중국이 회청 수출을 금지하거나 전란으로 수급이 어려워지면 청화백자를 만들 수 없었다. 이때 구하기 쉬운 산화철 성분의 철사鐵砂를 사용해 제작한 것이 철화鐵畵백자이다. 중국도 값비싼 회청을 대신할 자국산 토종 안료를 찾고자 했고, 15세기 후반 명나라 성화연간(1465~1487년)에 이르면 강서성에서 출토된 코발트 안료인 토청을 본격적으로 사용하고 주류가 된다. 그 전까지 중국산 청화백자의 푸른색을 구현하는 중요한 안료는 이슬람산 회청이었다.

　원나라 시절 경덕진은 도자기 제작 기술이 성숙하고 산업화되어 숙련된 노동력이 분업화·표준화된 매뉴얼에 따라 대량 생산이 가능한 단계에 도달해 있었다. 또한 유라시아에 걸친 대제국을 건설했던 몽골족의 지배 아래 원나라는 킵차크 칸국이나 일 칸국 등 중앙아시아나 페르시아 지역과의 교역이 활발했고, 이슬람교를 믿는 색목인들이 행정, 재정 관련 부서의 관리로 활동하고 있었다. 이들을 통해 회청이 수입되고, 회청을 사용한 청화백자에 매료된 이슬람인들이 대량 주문을 넣음으로써 본격적인 청화백자 생산과 수출이 시작되었던 것이다.

경덕진의 도공들은 선명한 푸른빛을 내지만 소성 때 흘러내리는 단점이 있는 회청 안료를 수많은 실험을 거듭하며 기술적으로 안정화시켜 세상에 없는 혁신적인 자기를 만들어낼 수 있었다. 그러나 청화백자는 당시 중국인들에게 바로 환영받지 못한 듯하다. 청자나 청백자, 백자 등 단일 색상의 우아한 도자기에 익숙한 사람들에게 화려한 푸른색으로 여백 없이 빽빽하게 문양을 그려 넣은 청화백자는 너무나 화려하고 이질적으로 느껴졌을 것이다.

그래서 원대에 생산된 초기 청화백자 대부분은 이슬람 지역으로 보내는 수출용 자기였다. 청화백자에 보이는 보상화와 당초문은 이슬람의 기하학적 패턴과 식물 문양에서 기원하고, 이슬람 지역에 전해지는 수많은 청화백자가 이슬람인들의 생활 습관에 맞춰 제작되었다는 사실은 초기 청화백자의 소비층이 이슬람 사람들이었음을 짐작케 한다.

지금까지 전해지는 원대의 청화백자 300여 점 중 100여 점이 이슬람 지역인 튀르키예 톱카프 궁전박물관과 이란 국립박물관(원래는 아르데빌 성지 박물관)에 소장되어 있다. 특히 톱카프 궁전은 전 세계에서 중국 청화백자를 가장 많이 소장한 박물관인데, 원대의 청화백자 40여 점을 포함해 명·청대 청화백자 1만여 점을 소장한 것으로 알려져 있다. 동물이나 사람을 그리지 않는 이슬람의 문화를 고려해 주로 식물 문양이 그려져 있고, 이슬람 문자를 그려 넣은 것도 있다. 또한 바닥에 둘러앉아 함께 식사하는 그들의 생활 관습에 맞게 제작된 대반大盤, 대완大碗, 호로병葫蘆瓶, 팔각매병八角梅瓶 등 크기가 큰 기물을 많이 볼 수 있다. 이슬람 교리상 금은 식기의 사용이 금지되고, 청화백자가 독에 반응한다는 당시의 믿음 역시 식기로 청화

1400년경에 제작된 것으로 추정되는 청화백자.
ⓒ 송진영(톱카프 궁전박물관 소장)

쿠란의 핵심 신앙과 예언자의 기도가 아랍어로 기록된 18세기 초반의 청화백자.
ⓒ 송진영(톱카프 궁전박물관 소장)

바닥에 둘러앉아 식사할 때 사용한 청화백자들. 작은 접시와 그릇에는 보석을 덧붙였다.
ⓒ 송진영(톱카프 궁전박물관 소장)

백자를 선택하는 유리한 환경을 조성했다.

다수의 색목인이 활동한 원대에 때마침 대량 주문 생산 시스템을 갖춘 경덕진이 이슬람 세계에서 건너온 질 좋은 코발트를 사용해 이슬람이 원하는 푸른 자기를 생산해 수출할 수 있었던 것은 큰 행운이었다. 만약 이슬람의 대량 주문이 없었다면 청화백자는 세상에 나오지 못했을지 모른다. 아무리 좋은 물건이라도 이를 알아보고 구매하는 사람이 없다면 그 제품은 지속적으로 생산될 수 없기 때문이다. 백색을 좋아하는 원나라 문화와 푸른색을 선호하는 이슬람 문화의 교류 속에서 중국의 성숙한 백자 제작 기술이 서쪽에서 건너온 코발트를 만나 청화백자라는 완전히 새롭고 혁신적인 자기가 탄생한 것이다.

모방과 창조, 시대를 초월한 아름다움을 찾아서

이슬람 문화와의 교류 속에서 탄생한 청화백자는 다시 이슬람으로, 유럽으로 전해지며 그곳의 문화를 변화시켰다. 원래 푸른색을 선호한 이슬람은 청화백자에 열광했고, 주문한 그릇이나 화병에 금속 뚜껑을 만들어 넣거나 보석으로 장식하며 자신들의 심미관에 맞게 변화시켰다. 또한 식물의 넝쿨과 잎, 꽃이 반복적으로 이어지는 문양과 푸른빛은 모스크 내부와 외부를 장식하는 이슬람의 블루 타일과 벽화의 발달을 추동했고, 포르투갈과 스페인에서는 청화백자를 직접적으로 연상시키는 화려한 도기 타일 아줄레주로 나타났다. 오스만 제국에서는 청화백자의 푸른색 외에 청록색과 붉은색을 더하고 튤립 꽃 문양이 이어지는 독특한 이즈닉 도자기가 탄생했다.

한편 청화백자가 황금과 같은 값어치를 갖고 있음을 알게 된 유럽의 왕실들은 처음에 중국과 교역하기 위해 자국의 상선을 직접 중국으로 보냈지만 오래지 않아 이 위험하고 비용이 많이 드는 원거리 항해보다는 안전하게 자국에서 직접 생산하는 방법을 찾고자 했다.

도자기 제작 기술을 확보하기 위한 각국의 노력은 실로 눈물겨웠다. 중국인으로 변장한 신부를 경덕진으로 직접 잠입시켜 비법을 알아내고자 했고, 제작 기술을 갖고 있는 듯한 기술자를 몰래 빼돌리는 일도 비일비재

푸른색 타일 아줄레주로 장식된 포르투갈 포르투의 상 벤투역 내부. ⓒshutterstock

하게 일어났다.

　네덜란드 델프트 지역에서는 흰색 유약을 바른 도기에 푸른색 안료로 그림을 그려 넣은 제품을 만들어 값비싼 청화백자의 대체품으로 판매했다. '델프트 블루'라고 불린 이 도자기는 17세기 후반부터 18세기까지 큰 인기를 얻었는데, 처음에는 청화백자를 그대로 모방하는 것으로 시작했지만 점차 자국의 풍경화를 그려 넣거나 튤립 꽃을 꽂을 수 있는 대형 화병을 제작하는 등 현지화를 진행해 지금까지도 그 전통을 이어가고 있다.

전형적인 이즈닉 스타일의 도자기 접시. ⓒ송진영

연꽃, 석류, 국화 등이 그려진 명나라 영락연간의 청화일파연문대반 青花一把蓮紋大盤.
ⓒ鴻禧藝術文敎基金會

마이센의 쯔뷔벨무스터를 모방한 체스키 포세란의 쯔뷔벨무스터. ⓒ송진영

유럽 최고의 도자기 애호가였던 작센의 아우구스트 2세는 전쟁 군자금을 확보하기 위해 금을 만들려 했지만 곧 불가능함을 깨닫고 '화이트골드'로 불린 자기 생산으로 눈을 돌렸다. 그는 연금술사 뵈트겐과 광물학자 에렌프리트 발터 폰 치른하우스에게 도자기 제작을 명령했고, 많은 시행착오 끝에 그들은 1708년 드디어 백자 제작 기술의 핵심이 흙, 즉 고령토임을 발견하고 유럽 최초로 경질자기 제작에 성공한다. 고급 도자기 생산의 주도권이 중국에서 유럽으로 넘어가는 시발점이 된 순간이었다. 그리고 유럽 최초의 자기 제작소인 마이센 왕립도자제작소가 설립된다.

마이센도 처음에는 중국 청화백자의 문양을 그대로 모방했다. 그 대표적 디자인이 지금까지도 인기 있는 '쯔뷔벨무스터'이다. 그런데 독일어로 '양파 무늬'라는 뜻의 쯔뷔벨무스터에는 정작 양파가 등장하지 않는다. 당시 마이센의 도자기 화가들이 중국 청화백자의 문양에 등장하는 석류, 복숭아, 연꽃, 국화 등을 제대로 이해하지 못해서 석류와 복숭아를 양파로 오해한 것이다. 그러나 이 디자인은 마이센의 시그니처 문양이 되어 큰 인기를 끌었고, 주변에 생겨난 후발 공장들은 모두 이 디자인을 모방해 저렴한 복사품과 유사품을 생산해냈다. 마이센이 유럽산 청화백자의 오리지

널이 된 것이다.

마이센의 성공 이후 스웨덴, 프랑스, 러시아, 영국, 덴마크 등 유럽 왕실 대부분이 직접 도자기를 생산하기 위해 도자 제작소를 설치하고 왕실 납품용 도자기 생산에 뛰어든다. 그들 역시 처음에는 청화백자를 모방하거나 재해석했다. 예를 들어 지금도 인기리에 판매되는 덴마크 로얄코펜하겐의 블루 플루티드 시리즈(1775년)와 스웨덴 로스트란드의 오스틴디아 시리즈(1932년)는 모두 중국 청화백자에서 직접적인 영감을 받아 탄생했다. 이들 유럽 왕실의 도자기 제작소들은 산업혁명을 거치며 기계화되고, 전사 방법의 도입에 힘입어 대량 생산에 성공하여 산업화된 현대적 기업으로 변모해갔다. 또한 동물의 뼛가루 같은 새로운 성분을 혼합해 도자기의 강도를 높이고 개성적인 디자인을 가미해 유럽 도자기의 명성을 만들어갔다.

처음에는 중국 청화백자를 그대로 모방하거나 청화백자를 연상시키는 문양에서 벗어나지 못했지만, 점차 자신들의 수요에 맞는 모양과 기능을 가미하고 독창적인 문양을 그려 넣으며 개성을 창조했다. 모방에서 출발해 청화백자의 새로운 아름다움을 찾아간 것이다.

물론 일찍이 청화백자를 제작한 중국도, 조선이나 일본도 자신들만의 아름다움을 찾으려는 노력을 잊지 않았다. 중국은 청화백자를 만들 때 이슬람의 기하학적 패턴과 식물 문양을 중국적으로 해석하여 기존의 중국 도자기에서 시도되지 않은 혁신적 양식을 만들어냈고, 점차 당시 유행한 신화, 전설이나 희곡, 소설을 소재로 문양을 그려 넣으면서 중국적인 소재와 심미관을 적극 반영해 사대부들의 사랑을 받았다. 또한 중국산 청화안료를 사용해 색의 농담을 자유롭게 조절하는 묵분오색墨分五色 기법을 적용하고, 고온으로 소성한 청화 밑그림 위에 빨강, 초록, 노랑, 자주 등 다양한 색을 추가해 한 번 더 저온으로 소성하는 투채鬪彩와 청화오채青花五彩를

복과 장수를 상징하는 도교 문화 속 신선을 그려 넣은 명나라 만력연간의 청화팔선축수도반靑花八仙祝壽圖盤. ⓒ송진영(경덕진 중국도자박물관 소장)

청나라 강희연간의 청화오채수문완靑花五彩獸紋碗. ⓒ송진영(경덕진 중국도자박물관 소장)

개발하면서 청화백자는 한 단계 더 발전할 수 있었다.

중국 청화백자에 이어 유럽에서 큰 인기를 얻은 일본 도자기도 처음에는 중국 청화백자를 모방하며 수출을 시작했다. 명·청 교체기에 중국산 청화백자 수입이 막히자 애가 탄 네덜란드 동인도회사가 임진왜란 때 끌고 온 조선 도공들을 동원해 뒤늦게 자기를 생산하기 시작한 일본에 주문을 넣었던 것이다. 이후 일본은 청화백자 위에 금빛과 노란색, 감색을 입혀 더욱 화려하면서도 따뜻한 느낌의 도자기를 새롭게 만들어냈다. 유럽에서 청화백자의 인기를 밀어낸 가키에몬은 그렇게 탄생했다.

조선의 청화백자 역시 초기에는 중국의 청화백자를 모방했으나 곧 조선만의 심미관을 반영했고, 수출용 청화백자를 만든 중국이나 일본과 다른 길을 걸었다. 성리학의 나라였던 조선은 군자의 이상이 담긴 문인화나 수묵화를 청화백자 위에 표현하며 소박하고 회화적인 양식의 청화백자를 만들어냈다. 모두 모방에서 시작해 자신의 개성을 찾아간 사례라고 할 수 있다.

21세기의 도자기 산업은 여전히 직접 그려 넣는 수작업을 고수하는 값비싼 제품부터 기계화 작업으로 대량 생산하는 저렴한 제품까지 다양한 제품을 내놓고 있다. 소형 전기 가마가 보급되면서 혼자 작업하는 작가도 적은 자본으로 청화자기를 제작할 수 있다. 누구나 청화백자를 소유할 수 있고 새롭게 창조할 수 있는 시대가 된 것이다. 담긴 음식을 먹음직스럽게 만들고, 공간을 우아하고 고급스럽게 바꾸는 블루앤화이트의 마법은 여전히 유효하다. 그래서 도자기가 대중화된 이 시대에도 청화백자를 생산하는 각국이 선보일 새로운 청화백자의 모습이 기대된다.

송진영

이화여자대학교 중어중문학과를 졸업하고 같은 대학원에서 석사학위를, 베이징대학에서 박사학위를 받았다. 하버드대학교 페어뱅크 동아시아연구소 박사후연구원을 거쳐 수원대학교 중어중문학전공 교수로 재직 중이다. 중국 고전문학 및 중국 문화와 예술에 관해 가르치고 주로 명·청대 세정소설을 연구하고 있다. 최근에는 동서 문명 교류와 소통에 관심을 갖고 관련 강의와 연구를 진행 중이다. 지은 책으로 『명청세정소설연구』, 『동양의 고전을 읽는다』, 『동아시아 문학 속 상인 형상』, 『중화미각』, 『중화명승』 등이 있다.

옥저룡에서 취옥배추까지, 신묘한 보석

옥기

이윤희

세계 5대 박물관 중 하나로 손꼽히는 타이완의 고궁박물원은 70만 점가량의 소장품을 보유하고 있다. 그중 가장 널리 알려진 대표 문물을 뽑는다면 단연 취옥배추와 육형석을 들 수 있다. 고궁박물원의 여러 자료집에 종종 표지모델로 등장하는 취옥배추의 원래 명칭은 취옥백채翠玉白菜인데, 백채는 '배추'를 뜻한다. '비취옥으로 만든 배추'라는 의미이다. 육형석肉形石 역시 단골 표지모델이다. 이름 그대로 '고기 형태의 돌'이며 동파육 모양과 빛깔을 쏙 닮은 마노석瑪瑙石으로 만들어졌다. 마노석 역시 옥의 일종으로 여겨지며 중국에서 큰 사랑을 받는 보석이다.

청나라(1644~1911년) 때 제작된 이 두 유물의 자태는 당장이라도 동파육과 곁들여 중국식 배추볶음을 만들어 먹고 싶을 만큼 정교하고 생생하다. 옥으로 만들어진 작품이라는 사실이 믿기지 않으며, 그 신묘함에 감탄사가 절로 나온다.

옥의 일종인 마노석으로 만든 육형석.
ⓒ 國立故宮博物院, 臺北, CC BY 4.0

신석기 유물의 정수, 반만 년의 신비한 옥기

그런데 고궁박물원의 놀라운 옥기玉器 유물을 만나는 경험은 다만 여기에서 그치지 않는다. 옥기 전시물 중 단번에 눈길을 사로잡는 또 다른 유물은 바로 기원전 4000~기원전 3000년 무렵 신석기시대에 만들어진 옥기들이다. 신석기시대라면 투박하고 거친 토기를 빚는 원시인의 시대를 떠올리기 십상이지만, 이들 옥기와 마주하는 순간 그런 생각은 자취도 없이 사라진다. 그 은은하고 세련된 아름다움과 더불어 인간의 짐작으로 도저히 헤아리기 어려운 장구한 시간이 신비롭게 다가온다.

지금으로부터 5,000년 전에 만들어진 옥기라니, 바로 어제 만들었다 해도 믿길 만큼 온전하고 고운 자태의 옥기를 하염없이 바라보는 그 시간, 재깍재깍 돌아가는 시곗바늘이 멈추고 요원한 그 시기와 현재는 일체가 된다. 유연하고 부드러운 곡선으로 휘어진 용의 몸통에 익살스럽게 상징

홍산 문화 말기(기원전 3500~기원전 3000년)에 제작된 옥저룡(왼쪽)과 옥구운형패(오른쪽). ⓒ國立故宮博物院, 臺北. CC BY 4.0

화된 돼지 머리를 단 옥저룡玉猪龍, 날렵한 C자형의 옥룡, 세련된 추상형 노리개의 일종인 옥구운형패玉勾雲形佩 등 유물을 설명하는 이름표에는 이들이 홍산 문화紅山文化 유물이라고 명시되어 있다. 이 설명은 자연스럽게 단재 신채호의 『조선상고사』를 연상시킨다. 홍산 문화 유물의 출토지는 요하遼河 서쪽에서부터 내몽골 일대, 바로 단재가 우리 상고사의 무대를 넓혀 인식한 지역이기 때문이다.

  홍산 문화의 특징은 신비한 옥기 공예에 있다 할 수 있지만, 신석기시대의 옥기는 비단 홍산 문화뿐만 아니라 중국 동남부 항주 일대의 량주 문화良渚文化, 하모도 문화河姆渡文化와 양쯔강 중류의 석가하 문화石家河文化, 사천의 삼성퇴 문화三星堆文化 유적에서도 발견되었다. 물론 각각 사용한 옥의 종류, 빛깔과 재질, 옥기 형태의 특징이 다르지만 모두 정제된 옥을 사용했다는 공통점을 갖고 있다. 요하에서 항주, 사천은 2,000킬로미터가량 떨어진 머나먼 지역이다. 하지만 지역을 불문하고 신석기시대부터 동북아 인류는 각자의 터에서 투명하고 아름다운 빛깔의 특별한 돌에 매료되어 소중히 갈고닦으며 옥기를 제작했고, 그 신비스러운 돌조각에 신성하고 존귀한 의미를 부여하기 시작했던 것이다. 이렇듯 옥기는 이미 반만 년 전부터 동아시아를 아우르는 특별한 보석이었다. 이후 청동기의 고대 왕조 은나라, 주나라에 들어서도 옥은 계속해서 제기와 예기, 장신구와 장식품으로 연마되었다.

연마하는 옥, 군자의 길을 닮은

주나라 이후 중국의 여러 왕조를 거치는 동안에도 옥은 여전히 가장 귀하게 사랑받는 보석이었다. 신석기시대의 옥기는 하늘을 닮은 원형과 땅을 닮은 사각형을 기본 형태로 삼았다. 주로 제례용으로 쓰였음을 알 수 있다. 그러나 고대 왕조를 거치며 옥은 '군자가 반드시 지녀야 하는' 물건, '이유 없이 몸에서 떼어놓아서는 안 되는' 물건이라는 위상을 얻게 되었다. 하·은·주 왕조의 예법을 기록한 유교 경전 『예기』에는 공자(기원전 551~기원전 479)가 군자의 덕목을 옥에 비유한 기록이 있다. 공자는 옥의 윤기와 질감, 두드리면 나는 소리, 투명성, 아우라 같은 특성을 빌려 군자의 덕목인 인仁, 의義, 예禮, 충忠, 신信 등을 설명했던 것이다. 또한 고대 중국인들은 옥의 아름다움에 다섯 가지 덕이 담겨 있다고 여겼다. 옥의 광택과 따스함은 어짊(仁), 투명하기에 겉과 속이 다르지 않은 속성은 의로움(義), 맑은 소리는 지혜로움(智), 단단한 재질은 용기(勇), 부드러움 속의 강인한 느낌은 결백(潔) 등 인간이 지녀야 할 덕목을 옥에 비유해 인식해왔던 것이다. 옥을 몸에 지니는 패옥 佩玉 관습은 군자의 덕을 내보이는 행위가 되었다.

옥은 각섬석 角閃石이라는 광물의 일종이다. 광물 덩어리로부터 옥기를 만들어내기까지 모든 공정은 철사나 실, 석류석 등으로 조심스럽게 연마하는 과정이다. 옥은 정이나 망치로 깰 수 없기에 끊임없이 갈고 다듬는 과정, 바로 연마 과정을 거쳐야 한다. 옥 자체의 빛깔과 속성이 주는 아름다움으로 군자의 덕목에 비유될 뿐 아니라 옥기로 제작되기 위해 끊임없이 갈리고 닦

「추산」사녀분향옥식. 연한 황금으로 단풍 든 나무 아래 향을 켜고 경을 읽는 여인. 반대쪽 면에는 가을 사냥길 동물들이 조각되어 있다. ⓒ國立故宮博物院, 臺北, CC BY 4.0

이는 과정 역시 군자가 묵묵히 가야 할 수양 과정과 닮았다.

주나라 이후 옥이 군자와 인간 덕목의 상징으로 여겨진 역사만 해도 2,000년을 훌쩍 넘겨왔다. 여러 왕조를 거치며 아름다운 옥기들이 제작되었다. 한나라 시대의 사람 모양 장식품 옥옹중玉翁仲과 알곡 무늬의 둥근 패옥 곡문벽穀紋璧, 송나라 때의 다양한 화조 문양 패옥, 금·원나라 무렵 제작된 「추산」사녀분향옥식「秋山」仕女焚香玉飾 등 일일이 열거하기 힘들 만큼 다양하고 아름다운 옥기가 제작되어 덕을 기리는 군자들의 사랑을 받았다. 하지만 정작 옥기를 연마해낸 장인의 신분은 보잘것없이 미천한 자로서 군자의 주의를 끌지 못했다. 명나라 만력 황제가 재위한 16~17세기 교차기에 이르러서야 처음으로 옥기 장인 육자강陸子岡(1522?~1592?)이 사료에 기록되었다. 이 시기 봉건적 신분 속박이 보편적으로 느슨해진 덕분에 옥 장인의 신분이 높아졌다는 이야기도 있다. 군자들의 옥 사랑에 옥 장인의 신분 상승, 여기에 풍요로워진 물자까지 더해져 옥기 공예 제작 기지가 몇몇 지역에 형성되었다.

청나라에 만개한 옥기 예술

명나라의 옥 기지 중 가장 유명한 곳은 육자강이 소주蘇州에서 운영한

자강공방子岡工坊이었다. 주로 청옥을 쓴 자강의 옥기는 옥에 금은을 새겨 넣거나 금속에 옥을 새겨 넣는 난도 높은 기술을 사용했다. 그가 만든 옥기는 '자강옥'이라 불릴 정도로 독보적 가치를 인정받았다. 독창적인 장신구 '자강패子岡牌'도 있었다. 손바닥 크기의 직사각형 백옥 한 면에 산수, 인물을 부조하고 반대면에는 시구를 새긴 문인의 장신구 자강패는 이후 하나의 일반명

명나라 백옥나한시문白玉羅漢詩文 자강패.(2017년 경매품) 왼쪽 하단에 '자강'이라는 낙관이 있다.
© YU JEN TAIPEI Co., Ltd.,

사가 되었다. 자강패는 청나라 때까지 문인들이 애용하는 장신구로 전승되었다. 육자강 옥기는 황가의 진상품에 이름을 올릴 만큼 명성을 얻었다.

육자강은 옥기의 측면이나 하단에 자신의 이름을 새김으로써 옥기 역사상 최초로 낙관을 남긴 선례도 열었다. 육자강은 자신의 작품에 반드시 낙관을 넣어야 했다. 한번은 황제의 명이 내려왔다. 옥주전자를 만들어 올리되 낙관을 넣어서는 안 된다는 성지였다. 고민하던 육자강은 옥주전자 표면에 말을 조각해 진상했다. 주전자를 받은 황제는 자세히 살폈다. 육자강의 낙관은 과연 보이지 않았다. 하지만 나중에 한 대신이 말 귓속에 새겨진 낙관을 발견하고 말았다. 육자강의 자부심은 감히 황제의 눈을 속이는 위험하고 은밀한 모험까지 감행하게 했던 것이다. 다행히 황제의 처벌은 없었으나 목숨이 달아날 수도 있는 위태로운 행동이었다.

명나라 황실의 옥기 애호는 청나라 황실에서 한층 더 깊어졌다. 건륭 황제(1711~1799)의 옥 사랑은 특히 유별나 '옥치玉癡' 황제라는 별명이 붙을 정

건륭 시기의 옥달마면벽산자 玉達摩面壁山子와 부분 확대 모습. 면벽한 채 산중 수행하는 달마의 모습이다.
ⓒ 國立故宮博物院, 臺北, CC BY 4.0

도였다. '치'는 무언가에 미치도록 빠진 상태를 이른다. 청나라 황궁에 수집된 고대 옥기 대부분은 건륭 황제 치하에서 수집되었다. 그는 1만 점이 넘는 옥기를 궁정 내 사적인 공간에 두고 틈만 나면 찾아가 어루만지고 감상했다. 옥기를 쓰다듬으며 그 재질과 빛깔을 감상하는 '반완盤玩'은 옥기 감상법 중 하나로, 오늘날에는 고대 옥기의 진위를 판별하는 방법으로 사용되기도 한다. 건륭 황제의 옥 사랑은 수집과 감상에 그치지 않았다. 강남의 이름난 옥공 장인들을 자금성 내 황가 물품 제조 공장인 조판처造辦處로 불러들여 옥기를 제작하게 했다. 궁정 화가가 도안을 그리면 옥공 장인은 옥기를 연마했다. 이렇게 탄생한 옥기는 예술적 아름다움을 넘어 신묘한 경지에 이르게 되었다.

청나라 황실의 옥기 사랑은 서태후(1835~1908)에 이르러 정점을 찍었다. 청나라 9대 황제 함풍제로부터 11대 광서제까지, 허울뿐인 황제들의 막후에서 실질적 황제 노릇을 한 서태후는 진귀한 음식을 즐기거나 몸을 치장하는 데 대단한 사치를 부렸다. 서태후는 여러 종류의 옥 가운데 유독 비취옥을 사랑했다. 옥의 종류는 생산지에 따라 위구르 지역의 화전옥和田玉, 요녕의 수암옥岫岩玉, 하남의 남양옥南陽玉 등으로 구별하거나, 빛깔에 따라 백옥, 황옥, 벽옥, 흑옥 등으로 분류한다. 취옥배추의 재료가 된 비취 역시 옥의 일종으로 생산지는 미얀마Myanmar이다. 비취가 중국에 처음 들어온 시기에 대해서는 이견이 있으나 비취 옥기가 전성기를 맞이한 때는 분명 청나라였다. 그리고 두말할 것도 없이 그 전성기를 이끈 주인공은 서태후였다.

비취가 들어와 기예가 되다

서태후는 각별히 비취를 사랑해 '황가의 옥'이라 부를 정도였다. 서태후가 머문 자금성 장춘궁長春宮에는 찻잔, 젓가락, 머리 장식, 반지에서부터 손에 쥐고 놀리는 비취 배추까지 곳곳에 비취 옥기가 놓여 있었다. 이화원 내 낙수당樂壽堂 뒤채에는 서태후의 보석방이 있었다. 3,000개에 달하는 상자에 온갖 장식품과 보석이 채워져 있었는데, 서태후의 가장 큰 총애를 받은 주인공은 비취로 만든 수박 한 쌍이었다. 수박을 뜻하는 '서과西瓜'를 써서 '비취서과'로 불린 이 옥기는 초록은 물론이고 붉고 검은빛까지 모두 갖춰 수박 껍질과 붉은 속, 검은 씨뿐 아니라 껍질의 줄무늬까지 표현해낸 작품이었다고 한다.

서태후는 생전에 비취를 사랑했을 뿐 아니라 죽어서도 비취와 함께 묻

청나라 시기의 비취 옥기 취옥송학산자 翠玉松鶴山子. 비취 원석의 녹색과 미색을 살려 소나무와 학을 조각했다.
ⓒ 國立故宮博物院, 臺北, CC BY 4.0

했다. 시신의 다리에는 비취 수박 두 개가 놓였으며 머리 꼭대기에는 비취 연잎이 놓였다. 이 밖에도 비취 참외, 비취 불상, 비취 복숭아, 비취 배추 등 많은 비취 옥기가 부장품으로 묻혔다. 그러나 오늘날 우리는 실물 부장품을 만날 길이 없으며, 다만 일부 기록을 통해 알 수 있을 뿐이다. 서태후 사후 20년, 군벌 손전영孫殿英의 도굴로 사라졌기 때문이다. 수하 사병의 월급을 주지 못할 형편에 처한 손전영은 서태후 묘지 도굴을 단행했다. 그렇게 파헤쳐진 진귀한 보물들은 일부 회수되기도 했지만 대부분 베이징과 상하이, 톈진, 칭다오를 통해 은밀하게 처분되었다. 상하이 등 조계에는 중국 골동품에 매료된 부유한 서양인들이 거주했고 이들은 진귀한 부장품의 새 주인이 되었다.

또한 일부 부장품은 도굴로 인한 처벌을 면하기 위한 뇌물이 되어 권력가에게 바쳐졌다. 뇌물을 받은 이들 중에는 장개석과 그의 처남 송자문宋子文도 있었다. 또 다른 일부는 유명 골동품상으로 흘러 들어갔다. 이 모두가 은밀히 거래되어 개인 소장품이 되었기에, 오늘날 서태후 부장품이라는 이름표를 단 보물을 찾아보기 어렵다. 그러므로 지금으로서 비취 수박의 실물을 만날 일은 기약이 없다. 또 다른 부장품인 비취 배추의 운명도 마찬가지였다. 하지만 다행히도 자금성에는 다섯 점의 비취 배추가 더 있었다. 현재 고궁박물원의 대표 소장품인 취옥배추는 광서제의 후궁이었던 근비瑾妃의 혼수품으로 추정된다. 자금성의 다른 보물들과 함께 타이완으로 옮겨져 오늘날 고궁박물원을 대표하는 전시품이 되었다.

이 취옥배추는 길이 18.7센티미터, 너비 9.1센티미터, 두께 5.07센티미터의 비취로 배추의 흰 줄기와 푸른 잎을 실물같이 재현해냈다. 비취의 미색 부분은 줄기가 되고 푸른 부분은 잎사귀가 되었으며, 자연스럽게 겹이 지고 젖혀진 잎사귀 위에는 여치와 메뚜기가 세밀하게 조각되었다. 이 곤충들은 다산을 상징하는 것이었다. 수분으로 탱탱한 줄기, 줄기의 촘촘한

비취옥으로 만든 취옥백채와 상부 확대 모습. 잎사귀에 다산을 상징하는 여치와 메뚜기가 조각되어 있다.
ⓒ 國立故宮博物院, 臺北, CC BY 4.0

결이 살아 있을 뿐 아니라 흘러내리듯 늘어진 잎조차 자연스러운 배추를 비취로 제작해내기란 오늘날의 기술로도 어려운 일이다. 균일한 빛을 내지 못해 원래는 쓸모가 제한되었을 옥 조각이 옥공의 신묘한 솜씨를 거쳐 싱싱한 배추로 탄생되었다.

 옥기를 조각하는 과정은 꽤 복잡한 단계를 거친다. 옥을 연마할 부원료를 손질하고, 원석에서 옥을 남긴 나머지를 갈아 떼어내고, 설계와 도안을 거쳐 대략적인 형태를 만들고, 옥을 갈아 매끄럽고 윤나는 표면을 만들고, 투각 기법으로 조각할 사물의 윤곽만 남긴 채 나머지를 파내고, 다시 표면을 갈아 윤기를 더하고 소가죽으로 광을 내어 옥빛이 더욱 빛나게 만드는 등 여러 과정을 거친다. 그러나 이런 절차를 알게 되더라도 취옥배추를 탄생시킨 기예의 전모는 명확히 기록된 바가 없기에, 경탄스럽고 신비스러운 감상의 여운이 좀처럼 가시지 않는다.

지금으로부터 5,000년 전 홍산 문화의 불가사의한 옥기를 만들던 한반도 선조들의 솜씨는 어디로 전해졌을까? 청나라에서 옥기 공예가 꽃을 피웠듯, 조선에서 그만의 창의적 옥기 공예가 꽃을 피울 수는 없었을까? 중국에서 명나라, 청나라를 거치며 옥기 공예가 전성기를 향해 가던 그때, 조선의 임금들은 옥기 사용을 규제하고 있었다. 성리학을 숭상한 조선 왕조의 통치 이념과 사회윤리에서 옥은 사치품에 해당되었다. 양민은 물론이고 양반 역시 검소를 지향하는 사회 분위기에서 옥 사용은 자제되었다. 심지어 왕실에서도 예기나 예복 장식 등 반드시 필요한 경우를 제외하고는 원칙적으로 옥기 사용이 인정되지 않았다. 옥기가 억제된 또 다른 배경으로 중국의 과도한 공물 요구를 회피하기 위해서였다는 분석도 있다. 공물 상납으로 백성들이 짊어지는 부담을 저어한 왕이 옥 광산 개발 금지령을 내렸다는 것이다. 이런 연유로 조선의 옥기 공예는 번영과 흥성을 누리지 못한 채 현대로 접어들게 되었다.

21세기 현재까지도 중국인의 옥 사랑은 식을 줄 모른다. 여전히 옥기 공예는 각광받고 있으며, 옥 유물의 진위 식별 등 전문 지식을 알려주는 도서와 정보, 값비싼 옥기 제품이 넘쳐나고 있다. 중국인의 유전자에 옥을 애호하는 마음이 내재되어 있다 해도 과언이 아닐 정도이다. 적게 잡아도 3,000년, 옥을 흠모해온 긴 시간이 축적된 결과 문화적 유전자가 만들어졌을 것이다. 다른 한편으로, 옥을 애호하는 데서 그치지 않고 기예의 수준에 이르게 한 전통 왕조의 옥공들을 떠올려본다. 문득 펼쳐본 사진집 속 중국의 명산들은 유독 기암절벽이 장엄하고 아름답다. 기암괴석의 능선으로 이어진 섬서의 화산華山, 가파른 수직 절벽과 아슬아슬하게 매달린 현공사懸空寺가 있는 산서의 항산恒山, 수직 방향으로 배열된 기암절벽 위 잔도를 걷는 하남의 숭산嵩山 등 중국의 명산들은 한국의 명산들과 산세가 전혀 다르다. '예술은 자연의 모방'이라는 경구처럼 중국의 옥기는 자연을 닮아 기예가 되었을까? 중국 옥기가 신묘한 경지에 이른 원인의 한 단서를 중국의 명산 속에서 찾아본다.

이윤희

가톨릭대학교와 베이징대학, 서울대학교에서 중국 문학을 공부했다. 중국 현대문학 연구자로 가톨릭대, 서울대에서 강의하고 있으며 최근에는 중일전쟁 시기 북경 문단의 작가와 작품을 연구하고 있다. 문학을 통해 그 시기에 대한 정통적 역사 해석 이면의 현상을 고찰하는 데 큰 관심을 갖고 있다. 지은 책으로 『문학으로 '현대 지나' 인식하기』 등이 있고 옮긴 책으로 『인간 루쉰』 등이 있다.

이야기로 보는
중국 기예
© 이민숙, 송진영, 이윤희 외 2025

초판 1쇄 인쇄 | 2025년 9월 18일
초판 1쇄 발행 | 2025년 9월 25일

지은이 | 이민숙, 송진영, 이윤희 외
펴낸이 | 박남숙

펴낸곳 | 소소의책
출판등록 | 2017년 5월 10일 제2017-000117호
주소 | 03961 서울특별시 마포구 방울내로9길 24 301호(망원동)
전화 | 02-324-7488
팩스 | 02-324-7489
이메일 | sosopub@sosokorea.com

ISBN 979-11-7165-028-6 03600
책값은 뒤표지에 있습니다.

- 이 책 내용의 일부 또는 전부를 재사용하려면 반드시 (주)소소의 동의를 얻어야 합니다.
- 잘못 만들어진 책은 구입하신 서점에서 교환해드립니다.

- 이 책에 수록된 이미지들 중에서 저작권자를 찾지 못해 게재 허락을 받지 못한 사진에 대해서는 저작권자가 확인되는 대로 게재 허락을 받고 통상의 기준에 따라 사용료를 지불하겠습니다.